# El secreto de las ocho citas

JOHN GOTTMAN

CON JULIE SCHWARTZ GOTTMAN,
DOUG ABRAMS Y RACHEL CARLTON ABRAMS

# El secreto de las ocho citas

Traducción de Santiago del Rey

Rocaeditorial

Penguin
Random House
Grupo Editorial

Título original: *Eight Dates*
Primera edición: marzo de 2024



*Printed in Spain* – Impreso en España

ISBN: 978-84-19965-18-9
Depósito legal: B-673-2024

Compuesto en Fotoletra, S. A.

Impreso en EGEDSA
Sabadell (Barcelona)

RE 6 5 1 8 9

*A todos los que se esfuerzan*
*para crear un mundo con más amor,*
*para cultivar cada relación de una en una*

# ÍNDICE

# Bienvenido a las noches de cita

# Las conversaciones que importan

Todas las grandes historias de amor son una conversación interminable. Desde las primeras preguntas vacilantes que nos hacemos para conocernos hasta las tensas discusiones sobre confianza y compromiso, pasando por las exploraciones más profundas y sinceras sobre nuestro amor, nuestras penas y nuestros sueños; es la calidad de nuestras preguntas y respuestas lo que nos permite seguir aprendiendo y creciendo juntos a lo largo de los años. Y cuando llegan los conflictos, como inevitablemente sucede cuando entrelazamos dos vidas distintas, es nuestra decisión de ser curiosos más que correctos lo que nos permite volvernos el uno hacia el otro, en vez de darnos la espalda en esos momentos de desacuerdo. Tanto si tú y tu pareja sois locuaces como si sois callados, las palabras que os decís, así como las expresiones y los gestos que las acompañan, definirán y determinarán vuestra relación. Una verdadera historia de amor no es un cuento de hadas. Requiere vulnerabilidad y esfuerzo. La recompensa es que amas más a tu pareja en tu quincuagésimo aniversario de lo que la amabas la noche de bodas. Es posible seguir enamorado siempre.

Puede dar la impresión de que el éxito o el fracaso de un matrimonio o una relación de larga duración son tan inciertos como lanzar una moneda al aire. En Estados Unidos, sabemos que más de la mitad de los matrimonios terminan en divorcio. En Portugal, la cifra es del 70 por ciento. En los segundos matrimonios en Estados Unidos, el índice de divorcio asciende al 65 por ciento, y en los terceros matrimonios asciende al 75 por ciento. Una probabilidad muy sombría. Y eso es solo la gente que decide dejarlo. ¿Qué pasa con las parejas que permanecen juntas en un estado de callada desesperación, de malestar y apatía? Antes de que alces los brazos con impotencia, debes saber que también hay esperanza.

En efecto, aunque las expectativas para un matrimonio y una pareja nunca han sido elevadas, y aunque las dificultades jamás han sido mayores, esto no es como lanzar una moneda al aire. No es cuestión de suerte. Es una elección.

Hoy sabemos qué pueden hacer las parejas para mejorar las expectativas. Durante cuarenta años, el Gottman Love Lab [Laboratorio del Amor Gottman] ha estudiado cómo triunfar en el amor. En el laboratorio de Seattle hemos obtenido datos observacionales sincrónicos, autoevaluativos y fisiológicos de las parejas, y los hemos analizado utilizando avanzados métodos matemáticos. Tras observar a miles de parejas, conocemos cuáles son las áreas en la vida de una pareja que causan más problemas. Nosotros podemos explicarte con plena confianza lo que distingue, en las relaciones de pareja, a los «competentes» de los «desastres». Y podemos guiarte a través de ocho conversaciones esenciales que te darán muchas posibilidades de crear tu propia historia de «felices para siempre».

Las relaciones exitosas de larga duración se crean mediante palabras, gestos y actos muy modestos. Una vida entera de amor se forma todos los días, cada uno de los días que pasáis juntos. Llegar a conocer a tu pareja no termina en cuanto devuelves la furgoneta de mudanzas y empiezas a compartir un armario; ni tampoco cuando dices: «Sí, quiero». Es algo que nunca se termina. Puedes pasarte toda la vida sintiendo curiosidad por el mundo interior de tu pareja, y siendo lo bastante valiente como para compartir tu propio mundo interior, y no dar nunca por terminada la tarea de descubrir todo lo que hay que saber del otro. Es algo excitante. Aunque también resulta intimidante. Es una de las mayores aventuras que puedes emprender en la vida. Créenos, lo sabemos por experiencia. Llevamos mucho tiempo casados —John y Julie más de treinta años, Doug y Rachel más de veinticinco—, y todavía seguimos descubriendo cosas nuevas el uno del otro, sorprendiéndonos mutuamente, y más enamorados que nunca. Eso no quiere decir que nuestras relaciones sean perfectas. A veces, nos peleamos. En ocasiones, somos groseros o insensibles. El precio del amor no es la perfección. Es la práctica. Nosotros practicamos cómo expresar nuestro amor y cómo recibir el amor de nuestra pareja. El amor es una acción más que un sentimiento. Requiere intención y atención, una práctica que llamamos *sintonización.*

Y el gran secreto para crear un amor que dure y crezca con el tiempo es muy simple. Convierte en una prioridad un tiempo no negociable consagrado a los dos, y nunca dejes de sentir curiosidad por tu pareja. No des por supuesto que ya sabes cómo es, simplemente porque anoche te fuiste a la cama con ella. En resumen, nunca dejes de hacer preguntas. Pero haz el tipo correcto de preguntas.

---

**CONVIERTE EN UNA PRIORIDAD UN TIEMPO NO NEGOCIABLE CONSAGRADO A LOS DOS, Y NUNCA DEJES DE SENTIR CURIOSIDAD POR TU PAREJA.**

---

No estamos hablando de preguntas de «sí» o «no». Las preguntas a las que nos referimos se llaman «abiertas». Estas son invitaciones cuya respuesta no consiste en una palabra o dos. Es así como generas conversaciones íntimas que permiten que tu pareja te explique lo que tiene realmente en la cabeza y en el corazón. Te permitirán entender por qué tu pareja piensa lo que piensa, hace lo que hace y es la persona que es. Las preguntas abiertas provocan conversaciones que harán que te enamores, o te ayudarán a tomar la decisión de adoptar un compromiso a largo plazo, o te mantendrán enamorado de la persona con la que has escogido pasar tu vida. Este libro te mostrará cómo tener conversaciones que generan intimidad, atención y una profunda y significativa comprensión mutua: en qué aspectos sois iguales y en qué aspectos sois diferentes. Eso es lo que te permitirá ser competente en una relación, y no un desastre. Hemos organizado esas conversaciones en los ocho temas que más importan en las relaciones: confianza y compromiso, conflicto, sexo, dinero, familia, diversión y aventura, crecimiento y espiritualidad, y sueños. Hemos estructurado estos temas en ocho citas que puedes seguir, y hemos añadido ejercicios paso a paso y preguntas abiertas que podéis haceros tú y tu pareja en cada cita.

Estas citas son un modelo y, sí, queremos que sigáis las ocho citas, pero también que convirtáis vuestras citas en algo que jamás termine. Queremos que lleguéis a los noventa y cinco y continuéis teniendo citas, aunque sea en la sala de estar. No queremos que dejéis de explorar a vuestra pareja y de indagar en vuestra relación, en vuestras creencias y vuestros temores, en vuestras esperanzas y sueños para el futuro.

No queremos que dejéis nunca de hablar entre vosotros, de aprender y crecer.

Décadas de investigación muestran que las grandes relaciones —las de los «competentes»— se construyen sobre el respeto, la empatía y una profunda comprensión mutua. Las relaciones no duran sin diálogo, incluso en el caso de las personas fuertes y silenciosas. Este libro te ayudará a crear tu propia historia de amor proporcionándote el marco de las ocho conversaciones que tú y tu pareja deberíais mantener antes de comprometeros el uno con el otro, o una vez que os hayáis comprometido, así como a lo largo de los años, siempre que llegue el momento de volver a comprometeros. Esto puede suceder cuando tengáis un bebé, cuando uno de los dos pierda su empleo, durante una crisis de salud, o cuando la relación empiece a quedarse estancada. Porque esto es seguro: ser felices para siempre no quiere decir que no haya problemas o conflictos. No puedes tener una relación sin ningún conflicto. Al menos, si haces las cosas bien. La vida siempre se presenta con sus tensiones, sus dificultades y sus crisis, y, según como las gestionéis juntos, estas complicaciones pueden terminar reforzando o rompiendo la relación (cosa que estudiaremos más a fondo en la cita del conflicto). Ser felices para siempre significa simplemente que los dos miembros de la pareja son valorados, conocidos y aceptados por lo que son o por aquello en lo que se están convirtiendo. El objetivo es ser capaz de amar más profundamente a tu pareja durante todos y cada uno de los años que paséis juntos.

## NUNCA ES DEMASIADO PRONTO NI DEMASIADO TARDE

Hemos escrito este libro porque muy pocas parejas reciben la orientación adecuada para crear una relación amorosa duradera. Nosotros nos conocimos y nos hicimos amigos en un grupo de reflexión sobre educación de parejas: un comité de expertos procedentes de los campos de la ciencia, la psicología y la sexualidad. Está claro que la mayoría de las parejas no reciben ningún adiestramiento para cultivar una relación, y con frecuencia no aprenden a comunicarse hasta que acuden a terapia, cosa que sucede muchas veces cuando ya es demasiado tarde. En un principio pensamos que el libro iría dirigido a las parejas que estaban iniciando su andadura en una relación comprometida, pero cuando pedimos voluntarios —parejas dispuestas a ensayar estas ocho citas y conversaciones—, descubrimos con sorpresa que las que deseaban hacerlo se hallaban en todas las fases posibles de una relación. Parejas en proceso de decidir comprometerse, parejas que acababan de mudarse a vivir juntos, parejas recién comprometidas, parejas de recién casados... A todas les encantaron las citas. Pero lo mismo les ocurría a las parejas que llevaban años casadas y que deseaban profundizar una relación ya excelente, o renovar una relación que había perdido parte de su brillo. La vida pasa factura a todas las relaciones porque los hijos, las carreras profesionales y las crisis pueden alejarnos. Las ideas que hay detrás de estas ocho citas y el compromiso de escuchar a fondo nos ayudan a acercarnos de nuevo.

Si vuestra relación es nueva y os estáis preguntando si esa persona con la que estáis saliendo es «la definitiva», os animamos a que ahora os toméis el tiempo necesario para hablar de las cuestiones que en último término determinarán vuestra felicidad (o infelicidad) en el futuro. Y si este proceso os ayuda a descubrir que no sois el uno para el otro, os habréis ahorrado años de dolor. O bien estas citas pueden ayudaros a entender vuestras diferencias y evitar los conflictos que surgirán a causa de «problemas perpetuos» y diferencias irremediables. Y si estáis en una relación de larga duración, estas citas os ayudarán a mantener conversaciones que reforzarán vuestra relación y reducirán los conflictos. Incluso pueden contribuir a que volváis a conoceros y recuperéis aquella época en la que os pasabais toda la noche hablando y os moríais de ganas de saber más el uno del otro.

**EL OBJETIVO ES SER CAPAZ DE AMAR MÁS PROFUNDAMENTE A TU PAREJA DURANTE TODOS Y CADA UNO DE LOS AÑOS QUE PASÉIS JUNTOS.**

En lo relativo a la atracción romántica, un estudio reciente ha vuelto a revelar que no hay nada que podamos medir en dos individuos aislados que permita predecir si se gustarán o se sentirán atraídos de un modo romántico. Ese estudio, realizado por la psicóloga Samantha Joel, de la Universidad de Utah, analizó más de cien variables como autoestima, objetivos, valores, soledad, lo que cada cual deseaba en una pareja, etc. No había nada que pudiera predecir cómo se sentirían dos personas tras una breve cita.

No se trata de un descubrimiento nuevo. Todos los algoritmos para emparejar a personas son en gran parte inútiles. ¿Por qué es así? Bueno, una explicación la ofrece el estudio clásico alemán de Claus Wedekind, llamado el «estudio de la camiseta». Las mujeres olían las camisetas que habían llevado durante dos días varios hombres y escogían aquellas que consideraban que olían mejor. Wedekind descubrió que las mujeres preferían camisetas de hombres que resultaban ser los más distintos de ellas genéticamente, desde el punto de vista del complejo de histocompatibilidad del sistema inmune. Así pues, está claro que no buscamos nuestro clon. De hecho, nos sentimos atraídos por muchos tipos de personas que son muy distintas de nosotros. En un estudio de 2006 llevado a cabo en la Universidad de Nuevo México con cuarenta y ocho parejas, las mujeres de las parejas más diferentes genéticamente declaraban un grado de satisfacción sexual más alto, mientras que las mujeres con genes similares a sus parejas declaraban tener más fantasías sobre otros hombres y eran más propensas a ser infieles. O sea, que todos esos algoritmos de las páginas de citas no resultan mejores que emparejar a dos desconocidos al azar.

¿Cuál es la alternativa? La respuesta es que hemos descubierto que, una vez que dos personas se relacionan entre sí, podemos predecir si esa relación está destinada a funcionar, o si será una fuente constante de infelicidad. De modo que podemos ofrecerte una serie de ocho conversaciones guiadas que mantener con una posible pareja y, basándonos en tus sensaciones sobre esas conversaciones, indicarte si esa relación será satisfactoria o no; y, si eres una persona comprometida, podemos explicarte qué trabajo debéis hacer los dos para que vuestro amor perdure. Como siempre, nosotros empezamos por los datos. Las parejas se ofrecieron voluntariamente a tener estas citas, accedieron a grabar sus conversaciones más íntimas y subieron las grabaciones a una página segura. En el caso de aquellas parejas cuyas historias y conversaciones presentamos en este libro, hemos cambiado los detalles identificativos y ocultado sus nombres. Las conversaciones que aparecen en estas páginas son conversaciones valientes y vulnerables, y estamos muy agradecidos a las parejas que accedieron a grabar y compartir sus discusiones más íntimas. La edad de los participantes iba de los veintiún a los sesenta y siete años. El 25 por ciento de las parejas estaban saliendo, el 11 por ciento estaban en una relación comprometida pero no planeaban casarse, el 32 por ciento estaban comprometidos o planeaban casarse, y el 32 por ciento restante estaban casados. Recogimos cientos de horas de grabaciones de parejas heterosexuales y del mismo sexo durante sus citas, y analizamos los datos de cada una en sesiones de seguimiento por videoconferencia.

Todos deseamos tener una relación sana y feliz, íntima y apasionada, una relación que nos permita crecer como individuos, como pareja y, en muchos casos, tal vez como familia. Todos deseamos disfrutar de compañerismo y colaboración, saber que la otra persona estará a nuestro lado en todo aquello que nos depare la vida: en lo bueno y en lo malo. Nunca es demasiado pronto ni demasiado tarde para mantener estas conversaciones, que os servirán para comprenderos más profundamente el uno al otro, así como entender la historia y las distintas culturas que aportáis a la relación.

Las conversaciones a través de las cuales vamos a guiaros no serán todas fáciles. Seguir enamorado requiere un nivel de vulnerabilidad que no siempre resulta cómodo. A algunas personas les cuesta hablar de sexo e intimidad. A otras, dialogar sobre crecimiento y espiritualidad. A algunas les parece difícil abordar el tema del dinero. Quizá os inquiete pensar: ¿estas conversaciones provocarán una pelea?, ¿y si no entendemos el punto de vista del otro?, ¿y si nos entran dudas sobre nuestras diferencias? Todo esto es normal. Nosotros vamos a enseñaros cómo formular preguntas abiertas y cómo escuchar de verdad las respuestas de vuestra pareja. Os proporcionaremos claras directrices para conseguir que las conversaciones sean creativas y no combativas.

Para las parejas recién comprometidas, queremos subrayar que el conflicto surge en cualquier relación, pero que, si lo evitáis ahora, seguro que lo tendréis en mayor grado más adelante. El periodo inicial de una relación, más allá de la diversión y la pasión, consiste en generar confianza y la perspectiva de un futuro compartido. Inevitablemente, habrá baches en el camino a medida que tratéis de compaginar dos vidas diferentes, dos infancias diferentes, dos historias familiares diferentes. Se trata de escuchar y aprender, de compartir e invitar. Si tenéis el corazón y la mente abiertos, vuestras citas irán mucho mejor, y vuestra vida en común también. En cuanto a las parejas que lleváis mucho tiempo casadas, sabemos lo que es afrontar problemas sobre los que es difícil hablar, no conseguir entenderse, incluso cuestionarse vuestros matrimonios. Todo eso es normal. Abordando estas conversaciones con valentía y decisión, entraréis en un matrimonio o una relación sólida y resiliente.

Esta es la última noticia: las diferencias son la norma. En último término, vuestras diferencias pueden enriquecer la relación si sois capaces de entenderlas y aceptarlas. Mientras mantenéis estas conversaciones, recordad que la mayoría de las parejas son más dispares que similares. Eso es normal. No se trata de encontrar vuestra pareja idealizada, vuestra otra mitad, vuestro *alter ego*. Nuestra pareja no siempre tiene que pensar lo que nosotros pensamos. Es esto lo que hace la vida interesante: resultaría aburrido estar casado con uno mismo. De hecho, eso se llama ser soltero.

Por supuesto, muchas parejas tienen unos valores fundamentales que comparten, pero inevitablemente hay áreas en las que son distintos. Al principio, estas diferencias nos atraen; sin embargo, pueden generarnos problemas en la relación cuando intentamos cambiarlas más adelante. Aprender a comprender y aceptar los aspectos en los que somos diferentes es clave para crear una conexión y un amor duraderos.

Uno de los grandes regalos de una relación o un matrimonio —y hay muchos— es la capacidad para ver el mundo con los ojos de otra persona, de un modo tan íntimo, tan intenso y profundo que casi nunca experimentaremos con otro ser humano. Si te acercas al misterio que constituye tu pareja con curiosidad, tu relación y tu vida se verán inmensamente enriquecidas.

## LA CIENCIA DEL AMOR

Hace unos cuarenta y cinco años, John y su colega Robert Levenson crearon un pequeño laboratorio en la Universidad de Indiana (y luego en la Universidad de Illinois, en la Universidad de Washington, en la Universidad de California Berkeley, y ahora en el Gottman Institute del centro de Seattle). En la Universidad de Washington, el laboratorio de John parecía más bien un diminuto apartamento, pero, de hecho, era un innovador centro de investigación dedicado a descubrir la verdad sobre el matrimonio y el divorcio. Estas son las preguntas fundamentales que John se planteaba: ¿podemos predecir quién se divorciará y quién seguirá casado, felizmente o no? ¿Y qué es lo que hace realmente que las relaciones funcionen bien?

Para uno de los grandes estudios del laboratorio, ciento treinta nuevas parejas acudieron al apartamento, apodado para siempre como «El Laboratorio del Amor», para ser estudiadas durante veinticuatro horas mientras pasaban la jornada haciendo exactamente lo que harían si estuvieran en casa: comer, ver la televisión, charlar, escuchar música, leer, limpiar, etc. Era todo completamente normal, salvo que había tres cámaras montadas en las paredes del apartamento que seguían cada uno de sus movimientos, y que cada persona llevaba un aparato especialmente diseñado que registraba su electrocardiograma. Además, cada vez que iban al baño, se tomaba una muestra para comprobar la cantidad de hormonas de estrés que había en su orina. John y su equipo de investigadores estudiaban el lenguaje corporal de cada pareja, monitoreaban sus constantes vitales y codificaban todas sus expresiones faciales (hasta una centésima de segundo). A la mañana siguiente, tras una noche en el Laboratorio del Amor, el equipo extraía una muestra de sangre a la pareja para examinar su función hormonal e inmunitaria.

**ERA TODO COMPLETAMENTE NORMAL, SALVO QUE HABÍA TRES CÁMARAS MONTADAS EN LAS PAREDES DEL APARTAMENTO QUE SEGUÍAN CADA UNO DE SUS MOVIMIENTOS.**

Otra parte clave de la investigación en el laboratorio era pedir a las parejas que contaran la historia de su relación durante una entrevista de dos horas. John preguntaba cómo se habían conocido y cuál había sido la primera impresión de cada uno. Luego les preguntaba qué recordaban de sus citas, cómo había progresado la relación y qué cosas les gustaba hacer juntos en esa primera fase. Les pedía que reflexionaran sobre cómo había cambiado su relación a lo largo de los años. También se abordaban los momentos difíciles que habían pasado.

- Mirando atrás, ¿qué momentos destacan como los más difíciles en vuestra relación?
- ¿Qué os ayudó a seguir juntos?
- ¿Cómo superasteis esos momentos complicados?
- ¿Cuáles son vuestras ideas para superar momentos difíciles?

Luego le pedía a la pareja que explicara cómo se diferenciaba su relación actual de la que tenían al conocerse, y les preguntaba cómo habían decidido estar juntos.

- De entre todas las personas del mundo, ¿qué te llevó a decidir que esta era la persona con la que querías casarte (o comprometerte)?
- ¿Fue una decisión fácil o difícil?
- ¿Cómo fue la experiencia de enamorarse?

También les preguntaba por la ceremonia de boda o de compromiso, la luna de miel, el primer año juntos, cuáles eran los buenos momentos más destacados, así como su idea de cómo divertirse juntos. John y sus colegas indagaban también sobre las ideas de la pareja respecto a las relaciones. Les pedían que pensaran en una pareja que conocieran que tuviera una gran relación y en otra pareja cuya relación no fuera tan buena, y que dijeran qué diferenciaba esas dos relaciones.

- ¿Cómo compararíais vuestra relación con la de cada una de estas parejas?
- ¿En qué se parece y en qué se diferencia la relación de vuestros padres con vuestra propia relación?

Luego John les preguntaba por la historia de su relación: sus grandes puntos de inflexión, sus altibajos. Finalmente, les preguntaba hasta qué punto conocían actualmente las principales inquietudes, tensiones, esperanzas, sueños y aspiraciones de su pareja.

- ¿Cómo os mantenéis en contacto diariamente?
- ¿Cuál es vuestro sistema habitual para estar emocionalmente en contacto?

Durante estas conversaciones, los investigadores monitoreaban el tono de voz de cada persona, sus palabras, sus gestos y sus emociones positivas y negativas. Finalmente, John le pedía a cada pareja que discutiera entre sí acerca de un conflicto actual por el que estuviera atravesando su relación, mientras él se limitaba a observar.

Fue una investigación laboriosa, metódica y exhaustiva. El resultado final derivó en que fue capaz de determinar con un 94 por ciento de exactitud quiénes seguirían casados y quiénes acabarían divorciándose. (Una vez que los resultados se publicaron, John y Julie recibieron muchas menos invitaciones para cenar). De las parejas que siguieron casadas, John fue capaz de predecir también qué matrimonios serían felices y cuáles serían infelices. John y Robert hicieron durante décadas un seguimiento de estas y de otros centenares de parejas del Laboratorio del Amor. Al final llegaron a observar, grabar y analizar más de tres mil relaciones.

## POSITIVO O NEGATIVO

Tras una década analizando los datos del Laboratorio del Amor, John descubrió que un grupo de variables determinaba si un matrimonio tendría éxito o fracasaría: ¿las parejas se mostraban positivas o negativas durante la entrevista? La zona gris intermedia era muy reducida. O bien destacaban sus buenos momentos juntos y minimizaban los malos, o bien destacaban los malos momentos juntos y minimizaban los buenos. O bien destacaban los rasgos positivos de su pareja y minimizaban sus características más irritantes, o bien destacaban los rasgos negativos de su pareja y minimizaban los más positivos.

Lo que hemos aprendido es que las parejas con más probabilidades de tener un matrimonio feliz muestran las siguientes cualidades y características al hablar de su relación:

**CARIÑO, AFECTO, ADMIRACIÓN:** verbalmente o no, la pareja manifiesta sentimientos positivos (calor, humor, afecto); subraya los buenos momentos; se elogia mutuamente.

**«NOSOTRIDAD» VERSUS SEPARACIÓN:** la pareja subraya su capacidad para comunicarse bien entre sí, su unión y su compañerismo. Utiliza palabras como «nosotros» o «nuestro», en oposición a un exceso de «yo», «mi», «mío». No se describen como dos personas separadas.

**EXPANSIVIDAD VERSUS HERMETISMO:** la pareja describe recuerdos sobre su pasado compartido de un modo vívido y definido (frente a la pareja que lo describe de modo vago o, más a menudo, sin ser capaz de recordar los detalles). Hablan de su relación con espíritu positivo y energía (frente a los que carecen de energía y entusiasmo al recordar su pasado). Revelan información íntima sobre sí mismos, en lugar de adoptar una actitud impersonal y cautelosa.

**GLORIFICAR EL ESFUERZO**: en una relación, las personas construyen toda una vida juntas, llena de valores, objetivos y sentido. Al «glorificar el esfuerzo», la pareja expresa su orgullo por haber sobrevivido a los momentos difíciles, en lugar de expresar desaliento sobre esos momentos. Destacan su compromiso con la relación, en lugar de cuestionarse si realmente deberían estar con su pareja. Se enorgullecen de su relación, en lugar de avergonzarse de ella. Hablan de los valores, objetivos y filosofía de vida que tienen en común. Han creado deliberadamente un sentimiento de sentido y propósito compartido, incluso en la manera en que evolucionan juntos con el tiempo. Y también de forma deliberada, establecen tradiciones en su relación para conectar emocionalmente que podemos llamar «rituales de conexión». Las citas constituyen un ejemplo de ritual de conexión.

Si las dos personas empiezan dirigiéndose la una a la otra de forma negativa en la entrevista, ya sea en sus palabras, en sus expresiones faciales o en su lenguaje corporal (cinismo, sarcasmo, ojos en blanco), ello indica que se ha activado un interruptor negativo y presagia casi inevitablemente que la relación se deteriorará con el tiempo. Si la pareja manifiesta decepción y sentimientos de desilusión, como si el matrimonio no fuera lo que creían que sería, o si se muestran deprimidos, desanimados o amargados sobre la relación, el divorcio es probable. Eso sí: los hechos negativos y los incidentes lamentables son inevitables en toda relación. El interruptor positivo consiste en la capacidad de las parejas para *interpretar* positivamente los hechos negativos y el carácter de la otra persona, y en si son capaces cada día, en su fuero interno, de *maximizar* lo positivo y *minimizar* lo negativo (de su pareja y su relación).

En resumidas cuentas, una negatividad general percibida erosionará la relación muy rápidamente. Y cada matrimonio o relación exitosa tiene como base una profunda y estrecha amistad: son parejas que realmente se conocen mutuamente y que están, en el fondo, del mismo lado, formando parte del mismo equipo. Por eso las conversaciones de este libro son importantes. Las palabras que eliges son importantes. Tu tono de voz es importante. Incluso lo son tus expresiones faciales.

Por supuesto, todos nos entendemos mal a veces. No nos comunicamos adecuadamente y, cuando eso sucede, hemos de hacer reparaciones. Esperar que no haya errores de comunicación en una pareja es como pretender hacer un hoyo en uno cada vez que golpeas una bola de golf. Las relaciones felices no son relaciones en las que no hay peleas. Son relaciones en las que se hacen reparaciones después de que se produzca un incidente lamentable, relaciones en las que la pareja conecta día tras día. Las parejas felices no son tan diferentes de las infelices; simplemente, son capaces de hacer reparaciones en su relación con mayor facilidad y rapidez, de manera que pueden volver a disfrutar de la alegría de estar juntos.

**POR SUPUESTO, TODOS NOS ENTENDEMOS MAL A VECES. NO NOS COMUNICAMOS ADECUADAMENTE Y, CUANDO ESO SUCEDE, HEMOS DE HACER REPARACIONES.**

Al final, gran parte del éxito o el fracaso de vuestra relación depende de las conversaciones que mantengáis. Nosotros enviamos las citas de este libro a trescientas parejas, que hicieron los ejercicios, grabaron sus conversaciones y nos contaron su historia. Parejas nuevas, parejas célibes, parejas del mismo sexo y matrimonios de larga duración encontraron por igual que estas conversaciones contribuían a acercarlos y los ayudaban a verse de un modo nuevo y excitante. Se hicieron los mejores amigos el uno del otro y volvieron a enamorarse.

Vosotros también podéis conseguirlo.

## LA PERSPECTIVA GLOBAL

La calidad de nuestras relaciones íntimas, más que cualquier otro factor, determina nuestra salud física, nuestra resistencia a la enfermedad y nuestra longevidad. Las relaciones satisfactorias también mejoran diversos aspectos de la salud mental de cada miembro de la pareja. Un matrimonio feliz o una relación de larga duración pueden reducir significativamente la depresión, los trastornos de ansiedad, las adicciones y la conducta antisocial, así como los intentos de suicidio. Además, muchos estudios han demostrado que las relaciones infelices persistentes pueden afectar negativamente al bienestar cognitivo y emocional de los hijos, mientras que las relaciones felices son capaces de reforzar su rendimiento escolar, sus relaciones con los compañeros y su inteligencia emocional. Está claro que vuestra relación es importante en vuestra propia vida, en la de vuestros hijos y para vuestra comunidad.

John y Julie han realizado investigaciones clínicas y científicas, y han dirigido terapia de parejas durante décadas. También han llevado a cabo ensayos clínicos aleatorios que muestran que las pautas de interacción marital que ellos han observado no se dan simplemente en paralelo a los resultados ulteriores de la relación, sino que *causan* esos resultados. Todavía continúan esta investigación en la actualidad. Rachel, doctora en Medicina, asesora a parejas en su consulta y ve de primera mano el impacto directo en la salud de una buena o una mala relación. También ella observa que ese es un factor esencial. Doug ha tenido el privilegio de colaborar en una serie de libros de autores visionarios —incluidos varios con Rachel— sobre sexualidad. Los cuatro somos colegas y amigos, y formamos un grupo profundamente comprometido con la idea de fomentar un amor que dure toda la vida. Lo queremos así en nuestras propias vidas y también en la vuestra.

Puede parecer una hazaña conseguir simplemente que una relación dure. Hay innumerables historias de parejas que se aferran a duras penas a un matrimonio de treinta años o más. Pero nosotros nos preguntamos: ¿cómo puedes lograr que tu relación sea una verdadera fuente de alegría, crecimiento y amor década tras década? Los cuatro juntos aportamos casi medio siglo de conocimiento personal y profesional, así como una sabiduría duramente adquirida sobre las conversaciones que hay que mantener para crear toda una vida de amor.

El trabajo de estar en una relación comprometida es importante. Todos queremos amar y ser amados. Todos deseamos crecer en nuestra relación. Experimentar todo lo que esa relación puede ofrecer implica salir de nuestra zona de confort. Si estáis dispuestos a ser sinceros sobre la persona que sois realmente, y a mirar sin prejuicios a vuestra pareja tal como es, vuestra relación se volverá más sólida. Vuestro entendimiento mutuo será más profundo. Vuestra vida juntos, más feliz.

# Vuestra noche de cita

Sabemos que son las pequeñas cosas positivas hechas a menudo las que marcan la verdadera diferencia en las relaciones. Mostrar gratitud y afecto a tu pareja regularmente, hablar al final de cada día, darse un beso de saludo y despedida son elementos importantes de una relación sana y feliz. Vuestra relación se construye a base de estos pequeños y sencillos momentos cotidianos, y debéis aprovecharlos. Pero nosotros os pedimos también que reservéis un tiempo, una vez a la semana, para tener programada una noche de cita..., o una tarde, o una mañana.

Cada capítulo de este libro os guiará a través de ocho citas diferentes que fortalecerán vuestra relación, pero las noches de cita deberían ser una parte permanente de toda una vida de amor y conexión. El objetivo es tener una cita especial una vez a la semana, y convertirla en una prioridad de vuestra relación.

Para muchas parejas ocupadas, especialmente una vez que tienen hijos, las noches de cita se convierten a menudo en un azaroso e insólito fenómeno de la naturaleza, solo posible cuando los astros de la paternidad y los horarios laborales se alinean para darles un respiro en la interminable lista de tareas pendientes. Las noches de cita, sin embargo, no deberían ser acontecimientos aleatorios que se producen solamente cuando la oportunidad, la economía doméstica y la ropa de la cesta alcanzan una alineación mágica y perfecta en el universo. Las noches de cita se programan. Se priorizan. En muchas relaciones y matrimonios, la diversión, el juego y la conexión mutua se convierten en el último punto de la lista de tareas, lo cual es una receta segura para el descontento y el distanciamiento.

**LAS NOCHES DE CITA SE CONVIERTEN A MENUDO EN UN AZAROSO E INSÓLITO FENÓMENO DE LA NATURALEZA.**

La verdad pura y simple es que las noches de cita cimentan una relación.

## HICIMOS UN PACTO

Rachel y Doug tienen una noche de cita semanalmente desde la primera vez que se encontraron, hace treinta y un años. Aquella primera cita tuvo lugar durante la semana de exámenes finales de la universidad. De inmediato comprendieron que debían encontrar una manera de darse prioridad a sí mismos y a lo que sabían que iba a ser una relación que cambiaría su vida.

—Hicimos un pacto inmediatamente —explica Doug—: cada día nos veríamos a medianoche, tanto si habíamos acabado nuestro trabajo como si no. Yo tenía que escribir ensayos de veinte páginas aquella semana, y Rachel estaba estudiando para los trascendentales exámenes finales de ingreso en Medicina. Pero ambos habíamos terminado cada día antes de que dieran las doce. Nunca he trabajado más deprisa ni mejor con una gran sonrisa en la cara.

»Cuando priorizamos estar juntos y nos prometimos mutuamente que nuestra relación sería lo primero, todo aquello que nos llevaba tanto tiempo y que supuestamente hacía imposible encontrar un hueco para una cita pareció contraerse y ofrecer una ventana para que estuviéramos juntos. Incluso cuando Rachel estaba haciendo la residencia y trabajando ciento diez horas a la semana, incluso cuando los gemelos eran unos recién nacidos, incluso cuando yo estaba compaginando dos empleos y perdiendo cinco horas diarias en los desplazamientos de ida y vuelta, lográbamos sacar tiempo para una cita. Es muy poco probable que hubiéramos llegado tan lejos sin una noche de cita.

Rachel está de acuerdo:

—No seguiríamos juntos de no haber sido por nuestras citas. Yo quería estar casada mucho tiempo. Y Doug igual. Y de algún modo comprendimos que una noche de cita era clave. El pacto que hicimos en la universidad sigue vigente. Nosotros prestamos atención a la relación, lo cual ha implicado a veces que la cita fuera durante el día o por la mañana; pero siempre ha sido un momento especial para centrarnos exclusivamente en nosotros. No siempre ha resultado fácil. Pero siempre hemos encontrado la manera. La noche de cita nos ha salvado en muchas ocasiones.

Para los objetivos de este libro, una cita es un tiempo programado con antelación en el que los dos dejáis de lado vuestra vida profesional y vuestras tareas domésticas, y dedicáis un tiempo fijado a centraros en vosotros, a *hablaros y escucharos* realmente el uno al otro. Una cita que valga la pena no consiste en sentaros los dos en el sofá para ver juntos la tele, ni en ir al cine, ni en salir a bailar una noche con vuestros amigos. Es un tiempo especial reservado para que los dos solos conectéis. Consideradlo un tiempo sagrado. Dejad vuestros dispositivos electrónicos en casa, o apagadlos y volved a mirarlos solo cuando la cita haya concluido. Y considerad cada una de estas ocho citas como si fuera la primera. Planeadlas. Esperadlas con ilusión. Sentíos excitados. También podéis ir al cine o salir con amigos, pero lo principal de una noche de cita es que se trata de un tiempo para estar juntos y reconectar, para volver a enamoraros y recordaros a vosotros mismos que vuestra relación es algo más que compartir una casa u ocuparse de los niños. Así os recordáis a vosotros mismos que antes que nada sois amigos y amantes.

## MOMENTO DE PONERSE PERSONAL

John y Julie, que trabajan juntos cada día, a menudo en intensa conversación y debate, y siempre en estrecha colaboración, tuvieron especiales dificultades para dejar de lado el trabajo en sus citas.

—Si trabajáis los dos juntos, puede ser especialmente difícil separar lo que es una cita de lo que no lo es. Y resulta tentador hablar del trabajo cuando salimos de cita —dice Julie—. Nosotros escribimos juntos, diseñamos talleres juntos, analizamos juntos intervenciones terapéuticas para parejas. Exponemos con pasión nuestros puntos de vista. Así que hemos tenido que separar muy conscientemente lo profesional de lo personal.

Una de las citas preferidas de John y Julie consiste en ir a un café del barrio. Siempre piden lo mismo. Los camareros los conocen por su nombre y se saben de memoria su pedido habitual: huevos al horno, una baguette y mermelada; mejor dicho, una doble ración de su mermelada casera. Para Julie, la baguette solo sirve para untarla de mermelada. Durante este ritual, han acordado conscientemente no hablar de su trabajo. John comenta:

—Para nosotros, es el momento de ponerse personal, de formular preguntas abiertas y alejarnos de nuestra vida profesional. Nos cogemos de la mano sobre la mesa, coqueteamos, nos reímos.

Es este momento especial para poder abrir sus corazones lo que convierte en una cita esa parada en el café.

—Reservamos nuestros debates de trabajo para después. Y dejar el trabajo de lado y centrarse en la relación durante una cita requiere práctica, tanto si trabajas con tu pareja como si no. Pero os recomiendo que lo hagáis —dice Julie—. Supone una diferencia enorme.

## OBSTÁCULOS PARA LA NOCHE DE CITA

Algunos lectores quizá estén pensando: todo esto suena muy bonito y en un mundo ideal las noches de cita son factibles, pero ¿quién tiene el tiempo, el dinero, la ayuda para cuidar de los niños (si es el caso), etc.? Más allá de todos los obstáculos, las noches de cita siempre son factibles, aunque ello implique ser un poco creativo para sacar ese tiempo para vosotros.

**TIEMPO**: la vida puede parecer tan increíblemente ajetreada que la idea de encontrar tiempo para otra obligación más resulta abrumadora. Pero una noche de cita es más que una obligación: es un compromiso con vuestra relación y con vuestras esperanzas de tener un matrimonio feliz. Resulta útil hacer un hueco específico cada semana y convertirlo en una prioridad. A menos que alguien esté ingresado en urgencias, convertid la noche de cita en un compromiso inexcusable. Reservadle un tiempo tal como haríais para un cumpleaños o un aniversario, para acudir a la iglesia o celebrar cualquier otro evento especial de vuestra vida en común. Las noches de cita deberían ser momentos sagrados para honrar vuestra relación. Consideradlas así, asignadles en vuestro calendario el máximo tiempo posible, aunque solo sea una hora, arreglaos para la ocasión y acudid a la cita, pase lo pase.

**DINERO**: las citas no tienen que resultar caras; de hecho, no deberían costar nada. Preparad un pícnic, salid a pasear, sentaos en un parque. Hay infinidad de maneras de pasar tiempo juntos sin gastar un dineral. En cada una de las ocho citas, os hacemos sugerencias sobre el mejor sitio donde celebrarlas dependiendo del tema de conversación. Pero son solo sugerencias. En su momento, para tener una cita barata, John y Julie se arreglaban, iban al espléndido hotel Sorrento de Seattle y se hacían pasar por clientes. Se sentaban en el precioso vestíbulo, frente a la chimenea, y consumían lentamente una sola copa durante toda la velada. Se pasaban horas respondiendo a las preguntas abiertas que se hacían el uno al otro.

**CUIDADO DE LOS NIÑOS**: el cuidado de los niños suele ser el gran obstáculo para las parejas que quieren salir de cita pero tienen niños pequeños en casa. Sin embargo, no tiene por qué ser algo caro o estresante. En ocasiones, tanto John y Julie como Doug y Rachel intercambiaban esta ocupación con otras parejas para poder disfrutar sus noches de cita. Si eso no es posible, mirad si un miembro fiable de la familia o un amigo íntimo puede ayudaros en vuestra decisión de pasar juntos un tiempo sagrado. Buscad niñeras baratas en vuestro barrio, o pedid a vuestros amigos que os recomienden alguna. Cuando sus hijos eran pequeños, Doug y Rachel contrataban siempre niñeras que podían comprometerse durante múltiples noches de sábado, de manera que no tenían que desvivirse cada semana en el último momento para encontrar a alguien. Hay padres a quienes les inquieta dejar a los niños con otras personas, pero si encontráis a alguna que sea fiable y segura para cuidar de vuestros hijos, también estáis enseñándoles a ellos que hay otras personas, aparte de sus padres, fiables y dignas de confianza. Los niños son increíblemente resilientes; al demostrarles vuestro compromiso con vuestra pareja, estáis educándolos y proporcionándoles la seguridad de que van a ser criados por unos padres con una relación sana y estable. Los niños absorben el amor de un matrimonio. Recordad que ellos os toman constantemente como modelos, y es importante que vean cómo mantenéis un matrimonio enamorado.

Buscad el sistema que encaje mejor en vuestra vida: querer es poder.

Aunque os hemos sugerido lugares posibles para cada cita, también os hemos dado la opción de celebrar la cita en casa con algunas actividades temáticas.

## UNAS CUANTAS DIRECTRICES

La directriz más importante para las ocho citas que vienen a continuación es tener la mente y el corazón abiertos, un oído atento, una curiosidad sincera y un deseo auténtico de conectar. También ayudará prepararse con antelación.

**LEED UN POCO:** leed cada capítulo, por separado o juntos, antes de cada cita. El principio de cada capítulo explica por qué ese tema es importante para vuestra relación y qué debéis saber para convertirlo en una parte gozosa de una relación duradera. También hemos incluido una sección resumida en cada capítulo titulada «Cita rápida». Releed esta sección antes de vuestro encuentro. No es que creamos que puede reemplazar la lectura de los capítulos, pero, si estáis apurados de tiempo, al menos leed esa sección. En la sección de «Preparación» de la cita os damos directrices para generar un encuentro divertido e íntimo. La sección final, titulada «La cita», os guiará a través de las preguntas abiertas y os sugerirá algunas actividades que quizá queráis probar en vuestra cita. Al final de cada capítulo, encontraréis una declaración que os solicita que reafirméis vuestro futuro como pareja, específicamente a través del tema que acabáis de abordar.

**HABLAD UN MONTÓN**: llevaos la lista de preguntas abiertas para el tema particular de cada cita. Estas preguntas os servirán como guía y brújula en vuestra conversación. Quizá también queráis tener cada uno un ejemplar del libro y llevarlo a la cita para poder comentar las cosas que os han sorprendido o resonado especialmente en los ejercicios de cada capítulo y que os gustaría analizar más a fondo con vuestra pareja. También podéis descargar los ejercicios y las preguntas abiertas de la web: workman.com/eightdates. En el transcurso de estas citas hablaréis de las cuestiones que más importan y conectaréis de verdad con vuestra pareja, así que procurad concentraros en los temas, los ejercicios y las preguntas abiertas.

**BEBED POCO (O NADA)**: limitad el consumo de alcohol o drogas en la noche de la cita. Aunque quizá creáis que el alcohol afloja las inhibiciones, y es así, también desinhibe la agresividad, cosa nada ideal para una cita. Al beber, muchas parejas aumentan las posibilidades de tener una pelea. Procurad no tomar más que el equivalente de una copa de vino en cada cita. Os interesa ser coherentes y estar verdaderamente presentes en las conversaciones íntimas que estáis manteniendo. Si en general queréis tener vuestras citas en restaurantes, aseguraos de que sean locales donde no solo podéis hablaros con toda libertad, sino también escucharos con claridad. Si os parece que una cita de noche, mientras coméis y bebéis, puede constituir una distracción para mantener conversaciones importantes, pensad otra hora del día que os convenga más a los dos. Considerad la posibilidad de hacerlo por la mañana —¡si sois personas madrugadoras!—, o incluso la de robar una hora o más del trabajo, si vuestros horarios lo permiten.

**CONSERVAD EL SENTIDO DEL HUMOR:** si queréis lo mejor para vuestra relación, o bien estáis preocupados por ella, estáis haciendo lo correcto al mantener las conversaciones de este libro. Sí, es una tarea seria e importante, pero también queremos que os divirtáis. Encontrad momentos para el humor. Buscad la alegría, incluso cuando parezca difícil. No olvidéis por qué os enamorasteis el uno del otro; y lo más importante, no os olvidéis de reír.

# Las cuatro técnicas de la conversación íntima

Las citas que os estamos proponiendo son maneras de encontrar un tiempo para ambos, y también un espacio en el que mantener conversaciones íntimas y significativas. Así como hay un arte de escuchar, que abordaremos en la siguiente sección, hay una serie de técnicas y un arte para mantener conversaciones que sean a la vez íntimas y significativas. Este tipo de conversaciones les resultan más fáciles a unas personas que a otras. Las técnicas enumeradas a continuación os ayudarán a expresar cómo os sentís y también os servirán para ayudar a vuestra pareja a expresar cómo se siente. Estas técnicas y sugerencias no son pasos para seguir en cada conversación, aunque desde luego podéis hacerlo. Deben utilizarse al empezar y continuar una conversación íntima.

## Técnica 1
## PON EN PALABRAS LO QUE SIENTES

Intenta decir, me siento...

- ☐ Aceptado
- ☐ Comprendido
- ☐ Rechazado
- ☐ Malentendido
- ☐ Valorado
- ☐ No valorado
- ☐ Abandonado
- ☐ Conectado
- ☐ Agitado
- ☐ Solo
- ☐ Solitario
- ☐ Disgustado
- ☐ Alarmado
- ☐ Resentido
- ☐ Menospreciado
- ☐ Ofendido
- ☐ Cansado
- ☐ No aceptado
- ☐ Cerca de ti
- ☐ Alejado de ti
- ☐ Asustado
- ☐ Desconcertado
- ☐ Dejado de lado
- ☐ Cómodo
- ☐ Incómodo
- ☐ Deprimido
- ☐ Agradecido a ti

- ☐ Fracasado
- ☐ Avergonzado
- ☐ Justamente indignado
- ☐ Aprensivo
- ☐ Tímido
- ☐ Cariñoso
- ☐ Tenso
- ☐ Traicionado
- ☐ Como si ya no te gustara
- ☐ Irritable
- ☐ Aislado
- ☐ Enfadado
- ☐ Cachondo
- ☐ Romántico
- ☐ No atractivo
- ☐ Arrepentido
- ☐ Asqueado
- ☐ Feliz
- ☐ Alegre
- ☐ Aburrido

Ahora explica POR QUÉ tienes estos sentimientos, cosa que podría incluir una descripción de los hechos que provocaron el sentimiento, una historia de tu infancia, una observación, un descubrimiento o una revelación que hayas tenido. Cualquier cosa que establezca una conexión entre el sentimiento y lo que crees que lo causó.

## *Técnica 2*
## HAZ PREGUNTAS ABIERTAS A TU PAREJA DURANTE UNA CONVERSACIÓN ÍNTIMA

Pruébalo con preguntas como:

- ¿Qué sientes?
- ¿Qué más sientes?
- ¿Cuáles son tus necesidades?
- ¿Qué deseas realmente?
- ¿Cómo ha sucedido todo esto?
- ¿Qué te gustaría decir realmente, y a quién?
- ¿Cuáles son los sentimientos sobre los que incluso te da miedo pensar?
- ¿Qué sentimientos contradictorios tienes?
- ¿Hay partes de ti que están en conflicto?
- ¿Qué te recuerda todo esto en tu historia personal?

- ¿Cuáles son tus obligaciones (o deberes) en este momento?
- ¿Qué decisión necesitas tomar?
- ¿Qué te dicen tus valores acerca de todo esto?
- Piensa en alguien a quien admiras de verdad. ¿Qué haría él o ella, y cómo vería esta situación?
- ¿Estos sentimientos y necesidades tienen para ti un sentido espiritual, moral, ético o religioso?
- ¿Qué o a quién censuras?
- ¿Cómo afecta esto a tu identidad, a tu idea de ti mismo?
- ¿Cómo has cambiado, o cómo estás cambiando, y cómo ha afectado eso a esta situación?
- ¿Cuál es tu reacción o tu queja principal?
- ¿Cómo *te gustaría* que se resolvieran las cosas ahora o en el futuro?
- Imagínate que solo te quedaran seis meses de vida. ¿Qué sería entonces lo más importante para ti?
- ¿Cuáles son tus objetivos?
- ¿De qué *deberías* asumir la responsabilidad en esta situación?

## Técnica 3
## UTILIZA FRASES DE TANTEO PARA AYUDAR A QUE SURJAN LOS SENTIMIENTOS Y NECESIDADES DE TU PAREJA DURANTE UNA CONVERSACIÓN ÍNTIMA

Prueba con estas frases de tanteo:

- Cuéntame cómo se ha producido esta situación.
- Quiero saber todo lo que estás sintiendo.
- Cuéntame, te escucho.
- No hay nada más importante para mí en este momento que escucharte.

- Tenemos un montón de tiempo para hablar. Tómate todo el que te haga falta.
- Dime cuáles son tus máximas prioridades en este momento.
- Dime qué necesitas ahora mismo.
- Dime cuáles crees que son tus opciones.
- Es normal no saber qué hacer, pero ¿qué se te ocurre?
- Te expresas con mucha claridad. Sigue.
- Ayúdame a entender tus sentimientos un poco mejor. Dime algo más.
- Me parece que ya se te han ocurrido algunas soluciones. Dime cuáles son.
- Ayúdame a entender esta situación desde tu punto de vista. ¿Cuáles son los aspectos más importantes para ti?
- Dime qué es lo que más te preocupa.
- Explícame un poco más cómo ves esta situación.
- Háblame de la decisión que sientes que debes tomar.

### *Técnica* 4
### MUESTRA TOLERANCIA, EMPATÍA Y COMPRENSIÓN HACIA TU PAREJA DURANTE UNA CONVERSACIÓN ÍNTIMA

Prueba frases empáticas como estas:

- Tiene mucho sentido lo que dices.
- Entiendo cómo te sientes.
- Debes sentirte impotente.
- Noto tu desesperación cuando hablas de ello.
- Estás en una posición difícil.
- Puedo sentir el dolor que sientes.
- Estoy de tu lado.

- Vaya, suena terrible.
- Eso debe ser doloroso para ti.
- Apoyo tu actitud.
- Estoy totalmente de acuerdo contigo.
- ¡Te sientes completamente atrapado!
- ¡Suena como si te hubieras sentido realmente indignado!
- Estás sufriendo mucho. Lo noto.
- Eso debe haberte disgustado.
- Es algo que da mucho miedo.
- A mí eso también me habría decepcionado.
- Yo también me habría sentido herido.
- A mí también me habría dado pena.
- ¡Vaya! Eso tiene que haber dolido.
- Debe haber sido realmente frustrante.
- No me extraña que te enfadaras.
- Vale, creo que lo entiendo. Lo que estás sintiendo es...
- Dime si lo he entendido bien. Lo que estás diciendo es...
- Eso me haría sentir inseguro.
- Suena espantoso.

# El arte de escuchar

Las preguntas propuestas en cada una de las ocho citas son específicas y abiertas, pero son solo la mitad de la ecuación. La otra mitad —importantísima— es escuchar. Y requiere un tipo de escucha especial. Se trata de escuchar para comprender, sin juicios ni actitudes defensivas, sin el deseo de replicar. Es un tipo de escucha caracterizado por la aceptación. Escuchar es un acto; debes comprometerte a hacerlo. Y no puedes escuchar si no sales de tus propios pensamientos. Si te recluyes en ti mismo, la voz que escucharás será la tuya, no la de la persona amada.

**PRESTA ATENCIÓN:** guarda tu teléfono, tu tableta o cualquier otro dispositivo. Apágalos o, como mínimo, siléncialos. Muestra verdadero interés y curiosidad en lo que está diciendo tu pareja. Inclínate hacia ella, mírala a los ojos, no la interrumpas.

**PROCURA ESTAR PRESENTE:** la conversación es un diálogo, o sea, que escuchar no consiste simplemente en poner en pausa tu monólogo. Cuando estás presente como oyente, no das por supuesto que ya sabes lo que tu pareja va a decir; y mientras ella está hablando, no pienses en lo que vas a decir ni prepares una réplica. En lugar de eso, ESCUCHA.

**HAZ PREGUNTAS:** si no entiendes algo, pregunta y luego escucha la respuesta. Recuerda que son las preguntas abiertas las que abren el corazón. Utiliza frases de tanteo que te ayuden a entender, como: «¿Puedes hablarme más de esto?», «¿Hay una historia o un recuerdo relacionados?». Recuerda también que esto no es un interrogatorio, es una conversación.

**SINTONIZA**: tu misión como oyente es sintonizar con los sentimientos de tu pareja. Asegúrate de no minimizar sus sentimientos desechándolos o tratando de resolverlos. No tienes que hacer que tu pareja se sienta mejor ni levantarle el ánimo. Tu único objetivo es simplemente escuchar y tratar de comprender.

**TESTIGO**: una gran parte de la escucha es actuar como un testigo, lo cual significa que escuchas para que tu pareja no se sienta tan sola. Un modo eficaz de actuar de testigo y de «estar ahí» para tu pareja es repetir con tus propias palabras lo que le has escuchado decir, dándole así validez. Por ejemplo, si tu pareja acaba de explicarte un problema con una amiga, puedes decir: «Parece que estés muy disgustada con tu amiga y como si ella hubiera actuado de un modo exigente y prejuicioso. Entiendo perfectamente por qué te sientes así». No tienes que hablar como un terapeuta. Simplemente, le estás transmitiendo a tu pareja que ha sido escuchada. Lo más curioso es que nuestra pareja no sabe realmente lo que nos pasa por la cabeza, pese a que solamos creer que debería saberlo. Demuestra que la has escuchado.

**EVITA LOS JUICIOS**: no adoptes una actitud crítica ni des consejos a menos que tu pareja te lo pida. En cada conversación con nuestra pareja queremos transmitir respeto, comprensión y empatía. Las conversaciones que proponemos requieren cierto grado de vulnerabilidad y apertura, en el cual cada uno se sienta seguro y libre para comunicarle al otro sus pensamientos, sentimientos y temores más recónditos. Recuerda que el objetivo de estas conversaciones no es demostrar que tú tienes razón en tus convicciones o que tu pareja está equivocada. El objetivo es comprender las similitudes y diferencias que tenéis y crear un sentimiento de empatía para explicar por qué cada uno ve las cosas como las ve.

**ENFATIZAR LA ACEPTACIÓN:** en estas conversaciones vais a profundizar para comprenderos el uno al otro, lo cual requiere un alto grado de vulnerabilidad. Procura entender lo que hace reaccionar a tu pareja, y esfuérzate en aceptarla tal como es, apreciando lo que tenéis y fomentando una gratitud mutua.

Escuchar no siempre nos resulta fácil, pero, sin escucha, es imposible alcanzar una conversación íntima. Hay preguntas que podéis haceros mientras os escucháis el uno al otro que os ayudarán a orientaros en vuestras citas y en vuestra relación. Al final, se convertirán en un acto reflejo. He aquí algunas preguntas infalibles que pueden ayudarte a entender a tu pareja.

- ¿Qué sientes?
- ¿Qué necesitas?
- ¿Cuáles son tus opciones?
- ¿Cómo puedo ayudarte?
- ¿Cuál es para ti el peor escenario de esta situación?
- ¿Cuál es tu solución ideal para esta situación?

Si veis que no os entendéis el uno al otro, sino que más bien os estáis encaminando hacia un conflicto, respirad hondo (contar hasta diez es realmente útil porque calma los centros emocionales del cerebro) o haced una pausa para ir al baño. Estas citas no consisten en procesar las discrepancias o en «trabajar» vuestras áreas de conflicto. Hemos incluido una sección de «Solución de problemas» en cada cita con recomendaciones de lo que debéis y no debéis hacer, con el objetivo de que no entréis en conflicto. Si encontráis que la cosa se está calentando (no en el buen sentido), consultad la sección «Procesar las peleas» en la página 102. También podéis encontrar recursos adicionales para abordar el conflicto o para buscar un terapeuta en la página web del Gottman Institute, gottman.com.

Este es un trabajo importante, y sabemos que al emprender juntos este viaje y mantener estas ocho conversaciones crecerán vuestra amistad y vuestro amor, y empezaréis vuestra vida conjunta con paso seguro. Decidir empezar es el 50 por ciento del trabajo, así que vuestro camino hacia un amor para toda la vida ya ha comenzado.

*Cita rápida*

**RESUMEN DEL CAPÍTULO**

En realidad, no hay un método abreviado para la lectura de estos capítulos iniciales, para prepararte para tener ocho citas exitosas, pero si resulta que tienes la primera cita con tu pareja dentro de cinco minutos y estás hojeando estas páginas en el último momento, lee al menos las secciones tituladas «Unas cuantas directrices» en «Vuestra noche de cita» y «El arte de escuchar».

CITA

1

# Apóyate en mí

## CONFIANZA Y COMPROMISO

Ben y Leah se conocieron en el campus de la Universidad de Arizona. Cada vez que él salía de su clase de Introducción a la Astronomía, ella estaba sentada en los peldaños de la escalera esperando para entrar en su siguiente clase. Él no pudo evitar fijarse en ella.

—Siempre estaba inclinada sobre un libro. No me miró ni una sola vez. Si lo hubiera hecho, le habría dicho «hola», pero siempre estaba leyendo. La cosa siguió así cinco semanas. Yo sabía todo lo que había que saber sobre su coronilla y sus zapatos, pero nada más. Ni siquiera sabía qué aspecto tenía o de qué color eran sus ojos. Pero me atraía. Su capacidad para concentrarse, el hecho de que estuviera siempre allí, me llenaba de curiosidad. Para mí, se convirtió en una parte cotidiana de la semana, pero ella ni siquiera sabía que yo existía. Intenté tropezarme con ella una vez mientras bajábamos las escaleras, solo un ligero empujón, e incluso entonces, cuando me disculpé, se limitó a musitar «No importa» y no levantó la vista.

»Yo seguía pensando en ella. No solo durante los días en los que tenía esa clase, sino siempre. Pero ¿quién era esa chica?, ¿cómo se llamaba?, ¿qué estaba leyendo?

Cierto día, Ben decidió que ya estaba bien y, al salir de clase, se sentó en la escalera junto a ella.

—Se sentó muy cerca, demasiado cerca, de forma que nuestros hombros se tocaban —dice Leah—. Yo estaba leyendo a Sartre para mi clase de filosofía. Era muy denso. La filosofía no es ninguna broma, y me costaba mucho esfuerzo. Al principio, me sentí irritada. Alcé la cabeza y allí estaba él con una enorme sonrisa en la cara, como si hubiéramos sido amigos mucho tiempo atrás o algo parecido.

Ben recuerda la expresión de Lea:

—Me sentía tan feliz de verle la cara entera y sus grandes ojos castaños que se me olvidó por completo que era un extraño para ella. Aunque Leah no lo era para mí. En todo caso, al principio parecía claramente enfadada.

Pero al final él se presentó y le preguntó qué estaba leyendo.

—No quería estropear aquella ocasión de hablar con ella, así que seguí haciéndole preguntas. No le di la oportunidad de poner fin a la conversación. Leah no tiene ni una pizca de maleducada, por suerte para mí, así que charlamos unos veinte minutos hasta que tuvo que entrar en clase.

—Durante el resto del semestre, hablamos veinte minutos antes de cada clase —dice Leah—. Simplemente hablábamos. De todo. Nunca me pidió que saliéramos o que le diera mi teléfono; solo se sentaba en aquellos escalones y me preguntaba por mi vida. Era un poco raro, ahora que lo pienso. Al final, fui yo la que le pidió una cita. Creo que lo sorprendí.

—Claro que me sorprendió, pero por supuesto dije que sí, y lo cierto es que yo ya estaba enamorado de ella antes de nuestra primera cita, antes de nuestro primer beso, antes de que hubiera nada físico.

—Él era constante. Siempre estaba allí. Siempre sonriendo y haciéndome preguntas sobre mi vida. Un día, notó que yo tenía frío y me dio su sudadera, y luego, cuando se fue, no me pidió que se la devolviera. No sabría explicarlo, pero ese pequeño detalle hizo que confiara en él. Me hizo sentir segura de un modo extraño, porque yo ni siquiera sabía que quería sentirme segura en ese sentido. Y así ha sido desde entonces. Llevamos juntos casi cinco años, estamos planeando casarnos, y no creo que yo haya confiado más en nadie en toda mi vida. Y todo esto tiene que ver con aquellas conversaciones en los escalones. Él siempre estaba ahí, y todavía sigue estando siempre ahí, a mi lado, y se da cuenta de cuándo necesito algo; a veces incluso antes de que yo sea consciente de lo que necesito. Es mi mejor amigo y el amor de mi vida.

Cuando Ben y Leah hicieron la cita de Confianza y Compromiso, descubrieron que habían tenido experiencias muy diferentes de lo que era el compromiso en sus respectivas familias. Leah explicó que, para ella, la confianza consiste en sentirse segura y en la forma que tiene Ben de prestarle atención.

—Mis padres se divorciaron y mi madre estaba hecha polvo. No me prestaba atención ni se comunicaba conmigo. Siempre estaba cansada. No tenía el ancho de banda para ocuparse de mí emocionalmente. Me sentí destrozada cuando no conseguí entrar en el equipo de animadoras, y ella no estaba por ninguna parte. Parece poca cosa, pero a mí me dolió. Mi padre tampoco estaba nunca. Los libros eran mi consuelo. Me perdía a mí misma en los libros. Así que supongo que la confianza para mí consiste en acompañar y prestar atención. ¿Haces lo que dices que vas a hacer?

**BEN Y LEAH DESCUBRIERON QUE HABÍAN TENIDO EXPERIENCIAS MUY DIFERENTES DE LO QUE ERA EL COMPROMISO.**

Los padres de Ben nunca se divorciaron, pero su compromiso consistía en su creencia de que Dios había querido que estuvieran juntos.

—Estaban juntos y nuestra familia estaba unida, pero yo nunca los veía pasar mucho tiempo a solas el uno con el otro. Todo giraba en torno a los hijos, la iglesia y sus rutinas respectivas. Recuerdo que observaba cómo permanecían sin hablarse y pensaba: yo nunca seré así. Eran fieles sexualmente —añade Ben—, pero no sé hasta qué punto estaban realmente comprometidos entre sí como personas, si entiende lo que quiero decir. A mi padre sí lo vi a veces mirando a otras mujeres, y me resultó extraño.

Ben encontró instructiva la cita de confianza.

—Yo no sabía lo del equipo de animadoras, pero tiene lógica. Sé lo importante que es que yo cumpla lo que he dicho que voy a hacer. Una vez tuve que deshacer los planes que habíamos hecho para ir de camping, y ahora entiendo cómo reaccionó ella.

—No reaccioné bien —dice Leah riendo—. Pero los dos nos dimos cuenta después de mantener esta conversación de que la confianza es mucho más que no engañarse el uno al otro, que suele ser la manera simplificadora de entender la confianza y el compromiso. Significa dar tu palabra sobre algo —tanto si es importante como si no lo es— y cumplirla.

—Ah, y ella nunca me devolvió la sudadera.

## ESCOGER EL COMPROMISO

En una relación, el compromiso es una elección que hacemos cada día, una y otra y otra vez. Escogemos el compromiso incluso cuando estamos cansados, sobrecargados de trabajo y estresados. Lo elegimos por muy atractiva que sea la persona que se cruza en nuestro camino. Lo hacemos también cada vez que nuestra pareja reclama discretamente nuestra atención y nosotros dejamos el libro, apartamos la vista de la televisión, la levantamos de nuestro teléfono, o dejamos aquello en lo que estamos ocupados, reconociendo así lo importante que es esa persona en nuestra vida. Este acto de reconocimiento puede requerir simplemente una sonrisa o una conversación, pero, sea lo que sea lo que requiera, nosotros tratamos de darlo con autenticidad. Cuando convertimos nuestra relación en una prioridad y *mostramos* que es así, generamos confianza y demostramos nuestra lealtad mucho más allá de las palabras que pronunciamos en los votos nupciales. Lo que ha descubierto el Laboratorio del Amor es que las pequeñas cosas positivas hechas con frecuencia son las que marcan en mayor medida la diferencia y las que contribuyen a formar esa burbuja de confianza y seguridad en nuestra relación.

Así pues, ¿qué significa el verdadero compromiso? Su significado más evidente es que rechazamos las posibilidades que se presentan con otras personas. Somos fieles a nuestra pareja sexual y emocionalmente. Ponemos límites a nuestras relaciones fuera del matrimonio. La difunta doctora Shirley Glass, una de las mayores expertas del mundo en infidelidad, escribió un libro titulado *Not 'Just Friends'* [No «simplemente amigos»]. Sus conocimientos se pueden reducir a una cuestión de muros y ventanas. Cuando estás casado o comprometido de otro modo con una pareja, lo que haces idealmente es crear un muro alrededor de los dos, con una ventana abierta entre ambos.

Este muro alrededor de los dos os separa de los demás en lo relativo a vuestras conexiones emocionales y físicas más profundas. Lo que la doctora Glass descubrió en su investigación es que cuando la gente, especialmente la que es infeliz con su pareja, empieza a hacerle confidencias a otra persona sobre su relación, está abriendo una ventana a esa persona del exterior. Y cuando la gente mantiene en secreto ante su pareja esa nueva relación platónica o emocional, está empezando a construir un muro entre ambos. No puede haber muros entre vosotros si queréis disfrutar de una confianza, un compromiso y una lealtad duraderos. Y las ventanas abiertas a un amigo íntimo (tanto si es del mismo sexo como del opuesto) fuera de vuestra relación pueden convertirse rápidamente en puertas abiertas, y es entonces cuando se producen las aventuras. No es imposible tener amigos de este tipo, pero debéis ser conscientes de vuestros límites, y constituye una enorme señal de alarma el hecho de que uno de los dos empiece a tener secretos acerca de cualquier nueva amistad. En ese caso, estáis levantando un muro entre los dos que perturbará vuestro compromiso.

No hay duda de que el compromiso con una persona puede parecer una perspectiva terrorífica. Significa poner todos los huevos en la misma cesta. No habrá nadie esperando entre bambalinas si esta relación no funciona. No hay una red de seguridad. Y si las cosas no van bien, no acudimos a nadie más a quejarnos. Por el contrario, debemos acudir directamente a nuestra pareja para solucionar las cosas. Además, si estamos comprometidos, le hemos dado a esa persona todo lo que podemos ofrecer. No queda nada para otro amante. Se trata de una decisión arriesgada, pero es crucial. Sin este nivel de compromiso, el amor no durará.

Escoger el compromiso significa aceptar a tu pareja tal como es, a pesar de sus defectos. Significa no amenazar nunca con irse, aunque a veces quizá lo desees. También quiere decir que te importa el sufrimiento de tu pareja tanto —si no más— como el tuyo propio. Como John dice tan acertadamente: «Si mi esposa está sufriendo, todo mi mundo se detiene para poder escucharla». En una relación comprometida, los dos detendréis el mundo para intentar comprender y aliviar el sufrimiento del otro. Ese es en parte el motivo de que nos casemos, y es en parte el motivo de que amemos. Nos necesitamos el uno al otro, y necesitamos sentirnos necesitados por el otro. El verdadero compromiso consiste en escogerse mutuamente una y otra vez, porque lo que hace en último término que las relaciones funcionen es la decisión de hacer que funcionen.

**EN UNA RELACIÓN COMPROMETIDA, LOS DOS DETENDRÉIS EL MUNDO PARA INTENTAR COMPRENDER Y ALIVIAR EL SUFRIMIENTO DEL OTRO.**

Hay un paso que abre el camino a todas las traiciones. Sucede con frecuencia cuando las cosas no van bien en la relación. Ese paso consiste en hacer comparaciones negativas entre nuestra pareja y otras parejas alternativas reales o imaginarias. En vez de sentir gratitud por lo que tenemos con nuestra pareja, alimentamos un resentimiento por lo que nos falta. Cuando nos molesta algo de nuestra pareja, en vez de hablarlo para satisfacer nuestras necesidades dentro de la relación, fantaseamos con otra relación distinta y con la idea de que quizá con esa pareja de fantasía obtendríamos lo que falta en nuestra relación actual. Estas comparaciones negativas constituyen una forma peligrosa de lidiar con nuestros sentimientos negativos dentro de la relación.

## LANZARSE SIN RESERVAS

Hace muchos años, John trabajó con una pareja durante semanas. Una noche, cuando acudieron a la sesión, los dos miembros de la pareja le dijeron que habían «terminado». John era el sexto terapeuta al que habían recurrido y, desde su punto de vista, la terapia no estaba funcionando y había llegado el momento de dejar la terapia con él y quizá también de poner fin a su relación. A John le sorprendió y le apenó que la pareja hubiera decidido tirar la toalla: él creía que su caso iba bien y que ambos estaban haciendo progresos.

—¿Pueden hacerme un favor? —preguntó—. Como ya han pagado esta sesión, ¿quieren quedarse ahora para ayudarme a entender por qué mi terapia ha fracasado? Como terapeuta, me he hecho el firme propósito de aprender de mis fracasos.

La pareja accedió a quedarse. John les preguntó qué tal les había ido la semana.

—Tuvimos una gran discusión... —empezó la mujer.

Pero entonces el marido la interrumpió para contar él mismo la historia.

—Fuimos a una fiesta. Yo estaba enfrascado en una conversación muy interesante con una mujer que conocí allí y entonces mi esposa me dio unos golpecitos en el hombro como suele hacer siempre, y me dijo que estaba cansada y que quería volver a casa y acostarse.

John asintió. Ya había presenciado otras veces cómo la pareja peleaba con todo cuando tenía que alcanzar algún acuerdo. Él era un exitoso hombre de negocios, mientras que ella era una terapeuta que prácticamente había dejado de trabajar para quedarse en casa con sus hijos, y el conflicto entre ambos se centraba siempre en el tiempo, el dinero y, en último término, en decidir quién dirigía el cotarro. John les pidió que le explicaran mejor qué era lo que había sucedido en la fiesta y les había impulsado a poner fin a la terapia.

—Bueno —dijo el hombre—. Ella estaba cansada y quería marcharse, así que en el trayecto de vuelta yo le dije que la mujer de la fiesta me había parecido muy atractiva y que había disfrutado mucho hablando con ella.

John permaneció en silencio mientras el hombre explicaba que le había dicho a su esposa que ellos ya nunca hablaban así, y que se había sentido excitado por la mujer de la fiesta porque ella estaba coqueteando, mientras que su esposa no coqueteaba con él desde hacía mucho tiempo.

—¿Y usted qué respondió? —le preguntó John a la mujer.

—Me enfadé y le dije que creciera de una vez y que dejara de flirtear con otras mujeres.

—¿Y qué pensaba en ese momento?

La mujer hizo una pausa y dijo:

—Pensaba que me gustaría estar con un hombre más maduro y que podría conseguir algo mejor.

Fue entonces cuando John comprendió por qué no había funcionado su terapia y por qué aquella pareja había pasado por otros cinco terapeutas antes de llegar a él.

—Ya pueden irse —le dijo a la pareja—. Ahora ya sé por qué no está funcionando la terapia. Muchas gracias.

Ambos se quedaron atónitos y permanecieron sentados. Le preguntaron a John qué era lo que había deducido de su discusión y le había permitido ver las cosas tan claras.

—Bueno —empezó John—, ustedes estaban enamorados, así que se prometieron y se casaron. Compraron juntos una casa y tuvieron dos hijos. Pero no hay un compromiso en su relación.

Siempre han pensado que quizá podrían encontrar algo mejor. Usted conoció a una mujer en una fiesta y, mientras se divertía charlando y coqueteando, la estaba comparando con su esposa y pensando que podría conseguir algo mejor. Y usted, por su parte, cuando él le hace un reproche, piensa también que estaría mejor con un hombre más maduro. Ustedes dos no están realmente comprometidos.

El marido empezó a protestar:

—Todo lo que hago es por mi familia. Me sacrifico todos los días. ¿Qué quiere decir con eso de que no estoy comprometido?

La esposa también expresó su desacuerdo con la idea de que no hubiera compromiso de su parte.

—Me ocupo de todo en casa, y además tengo una profesión estresante.

—Permítanme que les cuente una historia de *Alicia en el País de las Maravillas* —dijo John—. Alicia ve un conejo muy peculiar en el fondo de una madriguera y se lanza sin reservas por el hoyo. No tiene ni idea de cómo será su aventura, y el País de las Maravillas no es realmente un lugar tan maravilloso: hay cosas que dan miedo, cosas complicadas, y también otras interesantes y fascinantes. Es una aventura, y Alicia no sabe lo que le espera, pero se lanza por el hoyo igualmente. Alicia no titubea ni piensa que quizá otro día aparezca un conejo más interesante. Siente que está embarcándose en una gran aventura que, pese a las dificultades, sigue siendo mágica y asombrosa. Alicia no mira atrás ni cuestiona la aventura que ha escogido. Eso es compromiso. Ustedes nunca han hecho esto. Tienen los símbolos del compromiso y la lealtad, pero usted va a una fiesta y piensa que otra persona podría satisfacer mejor sus necesidades. A ambos les disgusta cómo se comporta el otro, y ambos piensan que eso significa que no es la persona adecuada. Cuando intentan llegar a un acuerdo, siempre lo hacen partiendo de su propio interés, no buscando un beneficio mutuo. Ustedes no han promovido la confianza o el compromiso, ni han puesto los cimientos de una lealtad recíproca porque no están metidos de verdad en esta relación. Por eso no ha podido ayudarlos ningún terapeuta. Ustedes todavía están mirando de reojo, con la idea de que la hierba sería más verde si hubieran seguido a otro conejo por otra madriguera y hubieran entrado en un país de las maravillas distinto.

La pareja se fue un poco aturdida. Al cabo de unos meses, John los llamó para ver cómo estaban. Le dijeron que después de salir de su consulta habían pasado muchas noches hablando sobre el compromiso y la lealtad, y acerca de lo que estas palabras significaban para cada uno. Ahora se habían mudado a otro estado y tenían un nuevo terapeuta que los estaba ayudando a descubrir por qué nunca habían formado realmente un vínculo sólido entre ellos, ni jamás habían hablado sobre cuáles eran sus valores y expectativas en torno a la confianza, la lealtad y el compromiso. Sonaban serios y decididos, y John pensó que ahora sí tenían una posibilidad de éxito.

## DESCUBRIR TU PROPIO PAÍS DE LAS MARAVILLAS

Llegará un punto en tu relación en que las cosas se pongan difíciles: cuando tu pareja te enfurezca, hiera tus sentimientos o te decepcione. Y en ese momento sombrío, cuando estás furioso, triste o decepcionado, quizá te preguntes si has escogido al conejo adecuado para seguirlo hasta el fondo de la madriguera. Incluso puede que haya un momento en el que te preguntes o llegues a creer que podrías conseguir algo mejor que la persona que tienes delante ahora mismo y que te está enfureciendo, hiriendo o decepcionando. El hecho es que las parejas que están verdaderamente comprometidas entre sí no tienen un pie en la puerta. Lo han invertido todo en esta relación. Han puesto todos los huevos en la misma cesta. No amenazan con marcharse cuando las cosas se ponen feas. Y no pierden el tiempo pensando que su pareja ideal sigue existiendo en alguna parte, que con esa pareja de fantasía sería más fácil vivir, o que ella satisfaría mejor sus necesidades que esta persona completamente real, humana y cargada de defectos que escogieron para amarla, respetarla y cuidarla. Y vale la pena decirlo de nuevo: si las cosas no van bien en su relación, las parejas realmente comprometidas hablan entre sí de sus inquietudes, en lugar de ir a quejarse a otra persona.

**LAS PAREJAS QUE ESTÁN VERDADERAMENTE COMPROMETIDAS ENTRE SÍ NO TIENEN UN PIE EN LA PUERTA.**

Comprometerse en una relación requiere cierto nivel de vulnerabilidad que puede resultar mucho más temible que nada de lo que encontró Alicia en el País de las Maravillas. ¿Ella satisfará mis necesidades? ¿Él estará realmente a mi lado? ¿Ella me amará tal como soy o tratará de cambiarme? ¿Me criticará ante los demás? ¿Me traicionará? ¿Él me amará y me cuidará si me pongo enferma? ¿Me abandonará?

Todos estos son temores muy reales que podemos sentir cuando decidimos comprometernos con una persona para toda la vida. Cuando nos enamoramos, solemos presentar nuestro mejor aspecto. Ofrecemos el lado más sano de nosotros mismos. Pero, a medida que la relación avanza, cada persona se vuelve más real, más transparente y, por tanto, más vulnerable. Ninguno de nosotros lo tiene todo resuelto, y ninguno, por muy equilibrado que parezca, carece de idiosincrasias o inseguridades. Y es aquí donde empieza la magia de verdad: cuanto más sinceros seamos, más podremos descubrir si nuestra pareja nos ama realmente a nosotros tal como somos, y no a la versión idealizada de nosotros que aparece cuando empezamos a salir. La vulnerabilidad genera confianza, y esta es el oxígeno que necesita tu relación para respirar. La confianza se construye también con el tiempo, y con montones de conversaciones: como las que Ben y Leah mantuvieron y como las que mantendrás tú a lo largo de este libro. La confianza es el telón de fondo de cualquier relación. Es una palabra/acción: al mismo tiempo, sustantivo y verbo. La confianza surge en los pequeños momentos, cuando demostramos a nuestra pareja que estamos ahí, a su lado, y cuando ella hace lo mismo por nosotros. La confianza se construye en esos momentos cotidianos, cuando sintonizamos con nuestra pareja, cuando escuchamos tal como lo haría un amigo o un aliado si nuestra pareja está experimentando una emoción negativa (tristeza, enfado, indignación o temor), incluso si esa emoción se refiere a nosotros. En todas nuestras decisiones, pensamos en lo que sea más beneficioso para nuestra pareja, además de para nosotros mismos. La confianza mutua se basa en la convicción de que ambos pensamos siempre para dos. No buscamos la mejor opción solamente para nosotros. Siempre consideramos también el coste de cualquier decisión para nuestra pareja.

**A MEDIDA QUE LA RELACIÓN AVANZA, CADA PERSONA SE VUELVE MÁS REAL, MÁS TRANSPARENTE Y, POR TANTO, MÁS VULNERABLE.**

Hay muchas formas de quebrar la confianza en una relación, pero aquí están las diez más comunes:

- No presentarse puntualmente.
- No hacer de tu pareja una prioridad.
- No estar ahí cuando tu pareja está sufriendo o enferma.
- No contribuir al bienestar de la familia (*yo*, en lugar de *nosotros*).
- No cumplir las promesas.
- Tener secretos.
- Mentir.
- Humillar o menospreciar a tu pareja en público o en privado.
- Cometer un acto de infidelidad emocional o física.
- Ser físicamente violento.

Durante todos y cada uno de los días en los que estamos casados o en una relación, en cada interacción, en cada discusión, subyacen estas preguntas decisivas:

- ¿Me valoras?
- ¿Hasta qué punto soy importante para ti?
- ¿Soy lo primero de todo en tu vida?
- ¿Me acabarás dando por descontado?
- ¿Andas siempre buscando a alguien mejor que yo?
- ¿Prestarás atención cuando esté disgustado o disgustada contigo y escucharás mis inquietudes?

Mostramos las respuestas a estas preguntas tanto en pequeños detalles como en situaciones importantes, y eso refleja nuestra inversión emocional, nuestro compromiso y nuestra confianza un día sí y otro también. Cada día, demostramos a nuestra pareja que valoramos sus cualidades positivas y quitamos importancia a las negativas. Si analizáis vuestros valores sobre la confianza y os comprometéis los dos a respetar esos valores en vuestros actos, la relación se fortalecerá.

## CUANDO SE HA ROTO LA CONFIANZA

Si rompéis alguno de vuestros acuerdos sobre la confianza, hay una serie de pasos para arreglar lo que se ha roto. Estos pasos son eficaces tanto en incidentes menores como mayores, pero no podéis saltaros ninguno.

1. Reservad una hora y un lugar concretos para hablar.
2. Cada miembro de la pareja explica los sentimientos que ha experimentado durante el incidente o la ruptura de confianza, sin acusaciones ni críticas.

3. El otro miembro de la pareja escucha sin hacer comentarios ni emitir juicios.
4. Cada uno describe su punto de vista sobre lo ocurrido durante el incidente sin acusaciones ni críticas. El otro se limita a escuchar y procura empatizar, y no debe dar su propio punto de vista hasta que le llegue el turno de hablar.
5. Explicad y examinad aquellos sentimientos que desencadenó el incidente en vuestro interior, pero que originalmente habíais experimentado mucho antes de esta relación. Por ejemplo, uno de vosotros no se presenta a una cena, y eso provoca en el otro un sentimiento de abandono que había experimentado en la infancia, o bien le recuerda el rechazo o la infidelidad de una relación anterior.
6. Cada uno analiza cómo ha contribuido a que se produzca el incidente y asume su responsabilidad.
7. Cada uno se disculpa y acepta la disculpa del otro.
8. Pensáis juntos la forma de evitar que esto se repita.

Cada una de las ocho citas son experimentos de vulnerabilidad. Esperamos que en esta primera cita vuestra conversación sobre lo que significa la confianza para cada uno no solo sirva para acercaros más el uno al otro, sino también para ayudaros a ir creando una relación que ambos queréis que sea para toda la vida.

## VALORAR A TU PAREJA

De hecho, el compromiso se construye pensando y comunicándole luego a tu pareja que él o ella es algo precioso e irreemplazable. En nuestro fuero interno, así como al comunicarnos, generamos compromiso al cultivar un sentimiento de gratitud por lo que tenemos con nuestra pareja. Nos decimos a nosotros mismos que nadie puede compararse con él o ella y, en nuestro interior, magnificamos sus cualidades positivas y minimizamos las negativas. Pensamos y decimos que no hay nadie —real o imaginario— comparable con nuestra pareja.

En cambio, la traición se alimenta al comunicarle a nuestra pareja que carece de ciertas cualidades sin las cuales no podemos pasarnos y que, por tanto, él o ella es una persona perfectamente reemplazable. En nuestro fuero interno, así como al comunicarnos, promovemos la traición al cultivar un resentimiento por lo que le falta a nuestra pareja. Nos decimos a nosotros mismos que mucha gente puede compararse con él o ella y, en nuestro interior, magnificamos sus cualidades negativas y minimizamos las positivas. Pensamos y decimos que hay otras personas —reales o imaginarias— que pueden compararse, e incluso superar, a nuestra pareja.

En la página siguiente hay noventa y nueve formas de valorar a tu pareja (en realidad, hay millones, pero eso requeriría un libro muy largo).

*Ejercicio*

## ¿HASTA QUÉ PUNTO VALORAS A TU PAREJA?

*Instrucciones*: imagina un retrato recortado de tamaño natural de tu pareja. Ahora imagina que cubres ese retrato con notas adhesivas que cuentan la historia de todo lo que habéis conseguido y disfrutado juntos. Pueden ser los momentos divertidos, las comodidades, las cosas más tontas e insignificantes, los sueños, las frustraciones que habéis vencido. Simplemente, analiza toda vuestra historia y todo lo que te ha dado hasta ahora el hecho de vivir juntos.

A continuación lee las entradas que hay más abajo. Cada una constituye un motivo para comunicar que valoras a tu pareja. Son simples respuestas de «sí» o «no», y hay tantas por una razón: pensar en la manera de valorar a tu pareja potenciará vuestra conexión. Además, hemos incluido tantas porque no es probable que todas y cada una te resuenen; pero en el caso de aquellas que sí te resuenen (¡esperemos que muchas!), comprométete a decirle a tu pareja que valoras esa cualidad suya. No seas como aquel campesino sueco que amaba tanto a su esposa que un día estuvo a punto de decírselo. Crea un momento ritual —quizá una vez a la semana— para valorar a tu pareja en voz alta. Si quieres descargar e imprimir estos ejercicios, entra en workman.com/eightdates.

### TE HE DICHO QUE TE VALORO PORQUE

1. Hemos jugado y nos hemos divertido juntos.
   ☐ **SÍ** ☐ **NO** ☐ **DÍSELO A TU PAREJA**
2. Siempre nos hemos reído fácilmente. ☐ **SÍ** ☐ **NO**
   ☐ **DÍSELO A TU PAREJA**
3. Hemos viajado juntos. ☐ **SÍ** ☐ **NO** ☐ **DÍSELO A TU PAREJA**
4. Nadie en este mundo puede reemplazarte. ☐ **SÍ** ☐ **NO**
   ☐ **DÍSELO A TU PAREJA**

5. Hemos sido capaces de reconfortarnos el uno al otro. ☐ **SÍ** ☐ **NO** ☐ **DÍSELO A TU PAREJA**

6. Hemos resuelto nuestra economía entre los dos. ☐ **SÍ** ☐ **NO** ☐ **DÍSELO A TU PAREJA**

7. Hemos aprendido a confiar de verdad el uno en el otro. ☐ **SÍ** ☐ **NO** ☐ **DÍSELO A TU PAREJA**

8. Tú has apoyado un sueño personal mío. ☐ **SÍ** ☐ **NO** ☐ **DÍSELO A TU PAREJA**

9. Has sido un gran sostén para la familia. ☐ **SÍ** ☐ **NO** ☐ **DÍSELO A TU PAREJA**

10. Hemos vivido grandes aventuras juntos. ☐ **SÍ** ☐ **NO** ☐ **DÍSELO A TU PAREJA**

11. Hemos hecho grandes viajes por carretera. ☐ **SÍ** ☐ **NO** ☐ **DÍSELO A TU PAREJA**

12. Hemos disfrutado aprendiendo juntos. ☐ **SÍ** ☐ **NO** ☐ **DÍSELO A TU PAREJA**

13. Tú me conoces bien. ☐ **SÍ** ☐ **NO** ☐ **DÍSELO A TU PAREJA**

14. Me encanta cómo vives la naturaleza. ☐ **SÍ** ☐ **NO** ☐ **DÍSELO A TU PAREJA**

15. Disfrutamos cantando juntos. ☐ **SÍ** ☐ **NO** ☐ **DÍSELO A TU PAREJA**

16. Disfrutamos haciendo juntos cosas que nunca habríamos hecho con nadie más. ☐ **SÍ** ☐ **NO** ☐ **DÍSELO A TU PAREJA**

17. Has sido digno de confianza. ☐ **SÍ** ☐ **NO** ☐ **DÍSELO A TU PAREJA**

18. Nos hemos ayudado mutuamente tras sufrir una pérdida o un revés. ☐ **SÍ** ☐ **NO** ☐ **DÍSELO A TU PAREJA**

19. Hemos criado juntos a un hijo. ☐ **SÍ** ☐ **NO** ☐ **DÍSELO A TU PAREJA**

20. Para mí vales más que todas las joyas y riquezas. ☐ **SÍ** ☐ **NO** ☐ **DÍSELO A TU PAREJA**

21. Has sido leal. ☐ **SÍ** ☐ **NO** ☐ **DÍSELO A TU PAREJA**

22. Me encanta lo espontáneo que puedes llegar a ser. ☐ **SÍ** ☐ **NO** ☐ **DÍSELO A TU PAREJA**

23. Me has enseñado un montón de cosas. ☐ SÍ ☐ NO ☐ DÍSELO A TU PAREJA

24. Me aceptas a pesar de mis defectos. ☐ SÍ ☐ NO ☐ DÍSELO A TU PAREJA

25. Has entendido algunos de mis objetivos personales. ☐ SÍ ☐ NO ☐ DÍSELO A TU PAREJA

26. Interpretamos música muy bien los dos juntos. ☐ SÍ ☐ NO ☐ DÍSELO A TU PAREJA

27. Respeto tu sabiduría. ☐ SÍ ☐ NO ☐ DÍSELO A TU PAREJA

28. Hemos formado un gran equipo. ☐ SÍ ☐ NO ☐ DÍSELO A TU PAREJA

29. Me encanta cómo recibes a los invitados. ☐ SÍ ☐ NO ☐ DÍSELO A TU PAREJA

30. Me encanta lo organizado y eficiente que puedes ser. ☐ SÍ ☐ NO ☐ DÍSELO A TU PAREJA

31. Disfrutamos escuchando juntos la misma música. ☐ SÍ ☐ NO ☐ DÍSELO A TU PAREJA

32. Admiro muchas de tus habilidades. ☐ SÍ ☐ NO ☐ DÍSELO A TU PAREJA

33. Has querido o ayudado a algunos de mis familiares. ☐ SÍ ☐ NO ☐ DÍSELO A TU PAREJA

34. Te admiro por lo valiente que has sido a veces. ☐ SÍ ☐ NO ☐ DÍSELO A TU PAREJA

35. Respeto tus valores. ☐ SÍ ☐ NO ☐ DÍSELO A TU PAREJA

36. Tú entiendes mi sentido del humor. ☐ SÍ ☐ NO ☐ DÍSELO A TU PAREJA

37. Te has puesto de mi lado frente a la persona que me atacó. ☐ SÍ ☐ NO ☐ DÍSELO A TU PAREJA

38. Disfrutamos juntos del sexo. ☐ SÍ ☐ NO ☐ DÍSELO A TU PAREJA

39. Siempre tienes un aspecto impresionante. ☐ SÍ ☐ NO ☐ DÍSELO A TU PAREJA

40. Te agradezco todas las veces que me has cubierto las espaldas cuando me he encontrado mal. ☐ SÍ ☐ NO ☐ DÍSELO A TU PAREJA

41. Realmente puedo contar contigo cuando van mal dadas. ☐ SÍ ☐ NO ☐ DÍSELO A TU PAREJA

42. A los dos nos encanta tener una mascota. ☐ SÍ ☐ NO ☐ DÍSELO A TU PAREJA

43. Nos enamoramos el uno del otro. ☐ SÍ ☐ NO ☐ DÍSELO A TU PAREJA

44. Consigues que me sienta seguro. ☐ SÍ ☐ NO ☐ DÍSELO A TU PAREJA

45. Nos encantó tener un hijo. ☐ SÍ ☐ NO ☐ DÍSELO A TU PAREJA

46. Eres una buena persona. ☐ SÍ ☐ NO ☐ DÍSELO A TU PAREJA

47. Tú me has perdonado. ☐ SÍ ☐ NO ☐ DÍSELO A TU PAREJA

48. Hemos ayudado juntos a un amigo en apuros. ☐ SÍ ☐ NO ☐ DÍSELO A TU PAREJA

49. Me encanta lo romántico que eres. ☐ SÍ ☐ NO ☐ DÍSELO A TU PAREJA

50. Te sientes realmente atraído por mí. ☐ SÍ ☐ NO ☐ DÍSELO A TU PAREJA

51. Me encanta tu forma de pensar. ☐ SÍ ☐ NO ☐ DÍSELO A TU PAREJA

52. Eres generoso. ☐ SÍ ☐ NO ☐ DÍSELO A TU PAREJA

53. Hemos resuelto algunos grandes conflictos entre nosotros. ☐ SÍ ☐ NO ☐ DÍSELO A TU PAREJA

54. Cuidamos juntos de un familiar. ☐ SÍ ☐ NO ☐ DÍSELO A TU PAREJA

55. Valoro cómo trataste a un amigo. ☐ SÍ ☐ NO ☐ DÍSELO A TU PAREJA

56. Me sentí amado y cuidado por ti. ☐ SÍ ☐ NO ☐ DÍSELO A TU PAREJA

57. Me encanta tu aspecto en la ducha. ☐ SÍ ☐ NO ☐ DÍSELO A TU PAREJA

58. Me has ayudado a crear un hogar lleno de paz y sosiego. ☐ SÍ ☐ NO ☐ DÍSELO A TU PAREJA

59. Eres una persona considerada. ☐ SÍ ☐ NO ☐ DÍSELO A TU PAREJA

60. Hemos desarrollado juntos valores éticos similares. ☐ SÍ ☐ NO ☐ DÍSELO A TU PAREJA

61. Querías a mi madre. ☐ SÍ ☐ NO ☐ DÍSELO A TU PAREJA

62. Me has reconfortado cuando tenía miedo. ☐ SÍ ☐ NO ☐ DÍSELO A TU PAREJA

63. Hemos disfrutado de citas y viajes realmente románticos. ☐ SÍ ☐ NO ☐ DÍSELO A TU PAREJA

64. Nuestros valores y creencias se han acoplado. ☐ SÍ ☐ NO ☐ DÍSELO A TU PAREJA

65. Me inspira respeto tu inteligencia. ☐ SÍ ☐ NO ☐ DÍSELO A TU PAREJA

66. Me has apoyado frente a mis enemigos. ☐ SÍ ☐ NO ☐ DÍSELO A TU PAREJA

67. Me encanta cómo me has escuchado a veces de verdad. ☐ SÍ ☐ NO ☐ DÍSELO A TU PAREJA

68. Eres un/una gran padre/madre. ☐ SÍ ☐ NO ☐ DÍSELO A TU PAREJA

69. Me cuidaste cuando estaba enfermo. ☐ SÍ ☐ NO ☐ DÍSELO A TU PAREJA

70. Cuando más dudaba de mí mismo, estuviste de mi lado. ☐ SÍ ☐ NO ☐ DÍSELO A TU PAREJA

71. Me has apoyado en mis objetivos personales. ☐ SÍ ☐ NO ☐ DÍSELO A TU PAREJA

72. Me encanta que no seas arrogante. ☐ SÍ ☐ NO ☐ DÍSELO A TU PAREJA

73. Me has defendido cuando alguien me criticaba en público. ☐ SÍ ☐ NO ☐ DÍSELO A TU PAREJA

74. Dimos a luz a un hijo los dos juntos. ☐ SÍ ☐ NO ☐ DÍSELO A TU PAREJA

75. Hemos creado juntos un hogar. ☐ SÍ ☐ NO ☐ DÍSELO A TU PAREJA

76. Teníamos muchos objetivos iguales en la vida. ☐ SÍ ☐ NO ☐ DÍSELO A TU PAREJA

77. Valoro el hecho de que no seas un esnob. ☐ SÍ ☐ NO ☐ DÍSELO A TU PAREJA

78. Me siento muy atraído hacia ti. ☐ SÍ ☐ NO ☐ DÍSELO A TU PAREJA

79. Llevamos juntos muchísimo tiempo. ☐ SÍ ☐ NO ☐ DÍSELO A TU PAREJA

80. Hemos trabajado juntos para crear una comunidad. ☐ SÍ ☐ NO ☐ DÍSELO A TU PAREJA

81. Me alegro de poder sentirme orgulloso de ti. ☐ SÍ ☐ NO ☐ DÍSELO A TU PAREJA

82. Hemos superado juntos la adversidad. ☐ SÍ ☐ NO ☐ DÍSELO A TU PAREJA

83. Valoro el hecho de poder ser realmente yo mismo contigo. ☐ SÍ ☐ NO ☐ DÍSELO A TU PAREJA

84. Tú siempre me has apoyado en mi propia evolución. ☐ SÍ ☐ NO ☐ DÍSELO A TU PAREJA

85. Me encanta lo amable que eres con los desconocidos. ☐ SÍ ☐ NO ☐ DÍSELO A TU PAREJA

86. Valoro de verdad cómo me has ayudado a sobrellevar el dolor. ☐ SÍ ☐ NO ☐ DÍSELO A TU PAREJA

87. Valoro mucho que hayamos ido a la iglesia o rezado los dos juntos. ☐ SÍ ☐ NO ☐ DÍSELO A TU PAREJA

88. Estoy convencido de que podemos superar juntos cualquier crisis. ☐ SÍ ☐ NO ☐ DÍSELO A TU PAREJA

89. Agradezco que siempre pueda hablar contigo cuando me siento abatido. ☐ SÍ ☐ NO ☐ DÍSELO A TU PAREJA

90. Me encanta lo sincero que has sido. ☐ SÍ ☐ NO ☐ DÍSELO A TU PAREJA

91. Respeto el hecho de que trabajes tanto. ☐ SÍ ☐ NO ☐ DÍSELO A TU PAREJA

92. Me encanta que seas capaz de reírte de ti mismo. ☐ SÍ ☐ NO ☐ DÍSELO A TU PAREJA

93. Hemos celebrado los éxitos juntos. ☐ SÍ ☐ NO ☐ DÍSELO A TU PAREJA

94. Eres uno de mis mejores amigos. ☐ SÍ ☐ NO ☐ DÍSELO A TU PAREJA

95. Me encanta que no seas en absoluto un farsante. ☐ SÍ ☐ NO ☐ DÍSELO A TU PAREJA

**96.** Ha habido momentos en los que me he sentido perdido y tú me has ayudado a encontrar mi camino. ☐ **SÍ** ☐ **NO** ☐ **DÍSELO A TU PAREJA**

**97.** Me encanta nuestra conexión espiritual. ☐ **SÍ** ☐ **NO** ☐ **DÍSELO A TU PAREJA**

**98.** Has sido fuerte cuando yo me sentía muy débil. ☐ **SÍ** ☐ **NO** ☐ **DÍSELO A TU PAREJA**

**99.** Creo que podemos sentirnos orgullosos de lo que hemos construido juntos. ☐ **SÍ** ☐ **NO** ☐ **DÍSELO A TU PAREJA**

*Cita rápida*

## RESUMEN DEL CAPÍTULO

- La confianza es valorarse mutuamente y demostrarle a tu pareja que puede contar contigo.
- El compromiso cotidiano, que es en lo que consiste la confianza, significa:
  - Invertirlo todo en esta relación.
  - Decidirse a rechazar las posibilidades con otras personas que quebrarían la confianza en tu pareja y poner límites a todas las relaciones fuera de tu matrimonio por el mismo motivo.
  - Si las cosas no van bien, explicarle tus sentimientos y necesidades a tu pareja, en vez de quejarte a otra persona.
  - Aceptar a tu pareja tal como es, pese a sus defectos.
  - Valorar lo que tienes y sentir gratitud.
  - No amenazar nunca con dejarlo.
  - Preocuparte del sufrimiento de tu pareja tanto o incluso más que del tuyo propio.
- La gente rompe la confianza en una relación...
  - Al no convertir a su pareja en una prioridad.
  - Al no cumplir sus promesas.
  - Al no estar ahí cuando su pareja está enferma o sufriendo.
  - Al mentir, tener secretos o ser infiel.
- Estas son las preguntas decisivas que nos hacemos el uno al otro en cuestión de confianza, lealtad y compromiso:
  - ¿Puedo confiar en ti?
  - ¿Estarás a mi lado si te necesito?
  - ¿Me serás fiel?
  - ¿Estarás a mi lado si estoy sufriendo?
  - ¿Hasta qué punto soy importante para ti?

# La cita: CONFIANZA Y COMPROMISO

## TEMA DE CONVERSACIÓN

»» ¿Cómo son la confianza y el compromiso en nuestra relación? ¿Cómo podemos hacer que nos sintamos seguros mutuamente? ¿Cuáles son nuestros acuerdos en cuanto a confianza y compromiso?

## PREPARACIÓN

»» Lee el capítulo y anota cualquier cosa que resuene especialmente en ti. Define lo que significa la confianza y el compromiso desde tu punto de vista. Piensa en cómo eran la confianza y el compromiso en tu familia. Cita los pequeños detalles en los que tú y tu pareja os demostráis el uno al otro vuestro compromiso.

## SUGERENCIAS

»» Un miembro de la pareja puede encargarse de organizar la cita. Podéis acordar en quién confiar los preparativos de este encuentro en concreto, o decidirlo a cara o cruz. Podéis tomar la decisión de sorprender a vuestra pareja con el lugar de la cita, pidiéndole que confíe en vosotros. Si todavía queréis superaros, podéis vendarle los ojos mientras camináis o vais en coche al lugar escogido.

## LUGAR

»» Buscad un lugar elevado con una gran vista. Puede ser un edificio alto, un puente, una colina, etc. Idealmente, habrá un banco u otro sitio cómodo donde poder sentaros mientras os formuláis preguntas abiertas. Si es posible, celebrad esta primera cita en un lugar significativo de vuestra historia de amor. Si se tratara de Ben y Leah, tal vez volverían a los escalones donde se conocieron. Procurad elegir un lugar bonito y apacible. Sea cual sea el que escojáis para esta primera cita, aseguraos de que el encargado de planearla escoja un sitio íntimo y lo bastante tranquilo como para mantener una conversación sincera. El tema de la cita es delicado y os conviene sentiros a gusto para hablar abiertamente.

CITA EN CASA: si habéis decidido tener la cita en casa, ahí va una idea. Podéis vendaros los ojos por turnos mientras el otro os va guiando por la casa. Es una excelente ocasión para ensayar una comunicación clara («estás a punto de pasar el umbral», «sube un escalón») y una manera de practicar el cuidado por el que está siendo guiado y la confianza en el que está guiando.

## REQUISITOS

Debéis acudir con la mente abierta y estar dispuestos a comentar cualquier pensamiento que haya surgido sobre la confianza y el compromiso durante la lectura del capítulo o durante la cita misma.

***Leed, por favor, la guía de solución de problemas que viene a continuación antes de mantener esta conversación. El tema de la confianza puede desencadenar una conversación especialmente delicada, y hay algunas reglas básicas que deben acordarse antes de empezar.***

## SOLUCIÓN DE PROBLEMAS

- Mantened la mente abierta con vuestra pareja.
- Evitad que la conversación degenere en reproches o acusaciones sobre conflictos pasados. No minimicéis los temores.
- Preguntad a vuestra pareja por qué sus convicciones sobre la confianza y el compromiso son importantes y tienen sentido para ella.
- Sed sinceros sobre vuestras necesidades.
- No intentéis obligar a vuestra pareja a pensar como vosotros pensáis respecto a la confianza, la lealtad y el compromiso.

- Considerad vuestras diferencias como oportunidades para aprender más el uno del otro y para crear un sistema de valores compartido sobre la confianza y el compromiso.
- Evitad criticar o juzgar.

## PREGUNTAS ABIERTAS PARA VUESTRA CONVERSACIÓN

Haceos el uno al otro las siguientes preguntas. (Nosotros las hemos propuesto con este lenguaje, pero por favor no dudéis en formularlas del modo que sea mejor y más natural para vosotros y vuestra relación). Todas las parejas de la investigación que tuvieron estas citas decidieron usar estas preguntas tal como aparecen aquí, pero podéis añadir con toda libertad las que vosotros queráis.

- ¿Cómo mostraban tus padres su compromiso mutuo? ¿Cómo mostraban su falta de compromiso? Según tu punto de vista, ¿qué significan estos aspectos de tu historia familiar para los dos?
- ¿Qué significa la confianza para ti?
- ¿Puedes describirme un momento en el que sentiste que no confiabas en mí, y decirme qué podría haber hecho para solucionarlo?
- ¿Qué necesitas que haga para que confíes más en mí?
- ¿Qué necesitas que haga para demostrar que estoy comprometido en esta relación?
- ¿Qué áreas crees que debemos trabajar para generar confianza entre nosotros?
- ¿En qué sentido somos parecidos y en qué sentido somos diferentes en cuanto a la confianza y el compromiso? ¿Cómo podemos aceptar estas diferencias?

## REAFIRMAR NUESTRO FUTURO JUNTOS

Leeos el uno al otro esta declaración. Miraos a los ojos mientras lo hacéis.

»» ««

Me comprometo a elegirte cada día y a demostrarte que nuestra relación es prioritaria. También me comprometo a tener siete citas más con sus respectivas conversaciones.

# Notas

CITA

»» 2 ««

# Acuerdos para el desacuerdo

## ABORDAR EL CONFLICTO

Wesley y Marie habían vivido juntos dos años antes de casarse. Cuando decidieron abordar el tema de los conflictos en una pareja, estaban iniciando su segundo año de matrimonio y solían decir que aún se encontraban en la fase de luna de miel.

—Nosotros nunca discutimos. Jamás nos peleamos. Cada uno es el mejor amigo del otro, y no se me ocurre un solo asunto sobre el que nos hayamos peleado —comentó Marie.

Ambos entendieron mejor la cuestión del conflicto en esta cita.

Ese estado de paz conyugal que suele considerarse «dichoso» y que describe Marie solo es, en realidad, la tranquilidad resultante de rehuir el conflicto. Los conflictos se producen. Y uno de los grandes mitos del matrimonio es que, si nunca te peleas o discutes sobre cuestiones difíciles o incómodas, quiere decir que disfrutas de una «buena» relación. Al casaros, no se trata solo de que os unáis dos personas; son también vuestros diferentes hábitos, personalidades, creencias y manías los que se están uniendo. Todos esos elementos pueden generar por sí solos un considerable jaleo, y si entráis en una relación a largo plazo pensando que el sello distintivo de su éxito es la falta de conflicto, os estáis abocando a la decepción y el fracaso.

**UNO DE LOS GRANDES MITOS DEL MATRIMONIO ES QUE, SI NUNCA TE PELEAS O DISCUTES, QUIERE DECIR QUE DISFRUTAS DE UNA «BUENA» RELACIÓN.**

La pareja sí tenía un conflicto que parecía estar causándole dificultades. A Wesley le gustaba dejar la televisión encendida mientras se dormía. A Marie no. Ella prefería el silencio, y se dormía rápidamente si la televisión estaba apagada, pero la realidad era que noche tras noche permanecía despierta hasta que Wesley se quedaba dormido; solo entonces, cuando apagaba por fin la televisión, podía dormirse. Marie había sacado el tema en ocasiones, pero nunca había manifestado con claridad hasta qué punto aquello representaba una molestia para ella. Sin embargo, cuando cambió de trabajo y tuvo que levantarse más temprano, se sintió cada vez más irritada con lo que empezaba a considerar como una actitud egoísta de Wesley. Yacía despierta por la noche pensando que ella pagaba la mitad de la hipoteca y había comprado la cama nueva con él y que, sin embargo, se sentía como una simple visita en el mundo de su marido. Su rabia y su resentimiento fueron creciendo, pero aun así no dijo nada. Finalmente, empezó a preguntarse si había tomado la decisión acertada al casarse con Wesley. ¿Ella iba a tener que ser la que se sacrificara y comprometiera, mientras él se salía cada vez con la suya? ¿Iban a ser así los próximos sesenta años de su vida?

Wesley empezó a pensar que Marie estaba cada vez más irritable e impaciente. Uno de los motivos por los que se había casado con ella era que Marie era la persona más amable que había conocido y que siempre lo recibía con una sonrisa. A él le encantaba hacerla reír, pero ahora veía cada vez más que sus bromas y su sentido del humor se topaban con un muro de silencio. No tenía la menor idea de lo que le ocurría a su mujer; cuando le preguntaba si había algún problema, ella le decía que estaba todo bien. Wesley empezó a plantearse si había cometido un error. Se preguntaba quién era esa mujer con cara de palo que tenía delante y dónde estaba la mujer preciosa y alegre con la que se había casado.

Finalmente, decidió enfrentarse a ella, exigiendo que le dijera qué ocurría y por qué estaba tratándole tan mal. Marie se quedó de piedra. A su modo de ver, era él quien estaba tratándola mal. Era él el egoísta. Al final le contó lo que llevaba molestándole desde hacía tanto tiempo, y luego rompió a llorar, diciendo: «Supongo que lo nuestro se ha acabado».

Wesley se quedó patidifuso. Le explicó que, al haberse criado con una madre soltera con dos empleos, él pasaba solo la mayor parte del tiempo y que la televisión era la única compañía que tenía. «Una vez, entraron a robar y se llevaron la televisión. Aquello me destrozó. Era mi único consuelo por las noches y, sin televisión, no tenía nada. Fue horrible. Una sensación de soledad horrible».

Marie nunca le había oído contar esa historia, y sintió que se le partía el corazón por aquel niño que había sido su marido.

—Pero ¿por qué crees que lo nuestro se ha acabado? —preguntó Wesley—. Es solo la televisión; podemos buscar un modo de resolverlo.

Por lo que se vio después, Marie nunca se peleaba con Wesley porque temía cualquier conflicto. En su casa nunca había oído discutir a sus padres, pero, cuando las cosas se complicaban, su madre cogía a Marie, a su hermano y a su hermana, y se los llevaba a un hotel. Sin importar si era en mitad de la noche, o si tenían colegio al día siguiente, su madre los metía a toda prisa en el coche e iba al hotel más cercano, donde se comportaba como si estuvieran de vacaciones. Se bañaban en la piscina y pedían comida al servicio de habitaciones, y luego, al cabo de unos días, volvían a casa y nadie hablaba de por qué se habían ido ni de por qué habían vuelto. La única vez que Marie escuchó gritar a sus padres fue justo antes de que le dijeran que iban a divorciarse. Más tarde, cuando Marie estaba en secundaria, su madre, que volvía a estar soltera y salía con otros hombres, utilizaba para romper con un novio el sistema de cambiar el número de teléfono de la casa. Marie no era consciente de ello, pero había interiorizado la idea de que había que evitar cualquier conflicto y de que, si se producía una pelea, quería decir que la relación se había terminado.

Contarse estas historias supuso un cambio radical en la relación de Wesley y Marie. Para ella, estar en desacuerdo y poder hablarlo era poco menos que un milagro. Aquello no solo no acabó con su relación, sino que sirvió para que se sintiera más cerca que nunca de su marido, porque ambos habían compartido esas historias de su infancia.

—Nuestra relación ha pasado a otro nivel. Ahora es mucho más real —dice Marie—. Casi estoy deseando que surjan conflictos, porque siempre salimos de ellos entendiendo algo nuevo el uno del otro, y eso nos acerca cada vez más. No es que esté buscando pelea, pero ya no la rehúyo. Me encanta esa sensación, cuando superamos juntos un momento difícil. En eso consiste una relación, en definitiva. Incluso cuando estamos en desacuerdo, seguimos formando parte del mismo equipo y tratamos de encontrar un modo de comprendernos y resolverlo.

En cuanto al problema de la televisión, ahora tienen un mando con un temporizador que la apaga a los veinte minutos.

La mayoría de las parejas que tuvieron esta cita, como Wesley y Marie, la utilizaron para examinar sus diferencias y esforzarse en entenderlas y aceptarlas. Escuchar las historias de cada uno es un método eficaz para afrontar los desacuerdos.

## GESTIONAR EL CONFLICTO

Puede parecer raro mantener una conversación sobre el conflicto, pero el mejor momento para analizar cómo vais a gestionar el conflicto no es mientras estáis en mitad de una discusión acalorada. Lo que es importante saber es que el conflicto en una relación es algo natural y que tiene una finalidad. ¿Cuál es la finalidad del conflicto? ¿Acaso tiene un objetivo siquiera? Mucha gente cree que el conflicto es inútil y perjudicial. Falso. El conflicto es necesario porque todos nos tropezamos inevitablemente con baches en nuestra capacidad para amarnos, y cuando encontramos uno de esos baches debemos reducir la marcha y avanzar con tiento.

La comprensión mutua: ese es el objetivo más sano y más productivo de cualquier conflicto.

Esto quizá te sorprenda. El objetivo del conflicto no es ganar, ni convencer a la otra persona de que tú tienes razón o incluso de que estáis a la par. Para generar compromiso, debemos comprender las necesidades esenciales de cada uno en el tema concreto que estábamos abordando, así como las zonas de flexibilidad de cada uno. Sin embargo, el objetivo no es volvernos idénticos; es comprendernos el uno al otro.

Como Marie y Wesley descubrieron, gestionar el conflicto nos ayuda a querernos mejor con el tiempo, a comprendernos a un nivel más profundo y a renovar nuestro compromiso en la relación. Ninguno de nosotros es perfecto a la hora de comunicarse, ni siquiera aquellos que somos terapeutas de pareja o que llevamos décadas casados.

Ahí va otro titular: *nuestra investigación ha demostrado que la mayor parte del conflicto relacional es inevitable.* Cada relación conlleva una serie de problemas porque cada persona es única y distinta de las demás, y cierto tipo de problemas van a estar presentes sea quien sea el otro miembro de la pareja. Una y otra vez oímos hablar de parejas que se divorcian por culpa de sus problemas, y que vuelven a casarse solo para descubrir que tienen problemas similares o diferentes en su nueva relación.

**EN ESTOS PROBLEMAS PERPETUOS QUE NO PARECÉIS PODER RESOLVER NUNCA SE HALLAN LAS MAYORES OPORTUNIDADES DE INTIMIDAD Y CRECIMIENTO.**

Muchos de nuestros problemas viajan con nosotros y se reencarnan en cada relación, hasta que finalmente aprendemos a reconocerlos como tales y a gestionarlos adecuadamente. Una gran fuente de problemas es la idea errónea de que todos nuestros problemas pueden resolverse. Nuestra investigación ha demostrado que, en el 69 por ciento de los casos, cuando las parejas hablan de aquello sobre lo que siempre discuten, estamos ante lo que llamamos un problema perpetuo. Algo que no va a resolverse. Las relaciones funcionan hasta el punto de que podéis tener una serie de problemas perpetuos con los que, no obstante, es posible aprender a convivir. Y hay algo que constituye un auténtico don: en estos conflictos, en estos problemas perpetuos que no parecéis poder resolver nunca, se hallan las mayores oportunidades de intimidad y crecimiento. Cuando descubres lo que se oculta bajo esos problemas, destapas algo que está en el núcleo de las creencias o de la personalidad de tu pareja. Obviamente, hay conflictos que pueden constituir motivos de ruptura, como hemos indicado en la introducción —uno de los dos quiere tener hijos y el otro no, uno se niega a tratarse por un problema de toxicomanía o adicción, o bien hay episodios de violencia doméstica—, pero los problemas en su mayor parte, o son problemas perpetuos (no pueden resolverse y nunca se resolverán), o son problemas resolubles.

**PROBLEMAS RESOLUBLES:** son problemas circunstanciales. Discutís sobre las tareas del hogar, sobre quién recoge a los niños el viernes o acerca de adónde vais de vacaciones. El conflicto se centra en un tema y no tiene un significado más profundo detrás. Él no baja la tapa del inodoro, ella no soporta sentarse en el borde frío porque la tapa ha quedado levantada. Es una molestia, pero el hecho de que él la deje así y de que ella quiera que la baje no reviste mayor significado. Los problemas resolubles tienen solución, y esta puede ser duradera. Compartís las tareas domésticas, os repartís los días para recoger a los niños, cada uno escoge un lugar de vacaciones, etc. Resoluble no quiere decir que no haya que hacer nada. Es necesario un esfuerzo para mantener los acuerdos a los que habéis llegado para resolver este tipo de problemas.

**PROBLEMAS PERPETUOS:** son problemas que se centran en diferencias básicas de vuestra personalidad o del estilo de vida que preferís. Son problemas que reaparecen una y otra vez. Puede tratarse de diferencias en necesidades básicas, puntualidad, organización, cantidad de tiempo que pasáis en soledad o los dos juntos, manera de celebrar las Navidades o de relacionarse con los suegros, etc. Incluso el modo de hacer ejercicio puede constituir una diferencia esencial si a él le gusta dar un paseo relajado por el barrio y ella considera que ser socio de un gimnasio es algo obligado para conservar la salud. No podéis cambiar vuestra personalidad o vuestras diferencias de estilo de vida, ni deberíais intentarlo siquiera. Reconocer un problema perpetuo como tal lleva a asumirlo y a valorar en qué sentido cada uno es diferente. Lo esencial para gestionar el conflicto, especialmente cuando se trata de un problema perpetuo, es aceptar a tu pareja tal como es. Cuando asumís lo que no podéis cambiar, os aceptáis mutuamente. Aceptad a vuestra pareja tal como es, y ella hará lo mismo. Celebrad vuestras diferencias y aprended de ellas.

## ENTRAR EN UN PUNTO MUERTO

A nadie le gusta estar en un punto muerto, sentir que está atascado y que la situación no va a ninguna parte. Eso puede suceder cuando entráis una y otra vez en conflicto por un problema perpetuo. Sabréis que vuestro problema perpetuo ha acabado en un punto muerto cuando tengáis siempre la misma conversación e idénticas discusiones sin que haya ningún progreso. La discusión deja a un miembro de la pareja —o a ambos— frustrado y herido, o sintiéndose rechazado. Uno acaba mirando al otro como a un enemigo. Marie empezó a denigrar a Wesley en su fuero interno, y la costumbre de este de dormirse con la televisión encendida se convirtió en un símbolo de su extremado egoísmo en todos los órdenes. Si veis que los dos estáis cada vez más polarizados, más crispados y más intransigentes, estáis en un punto muerto. A la larga, esta situación provocará una distancia emocional entre los dos, y ese es el verdadero «asesino» de una relación: no la rabia, ni las discusiones, ni el conflicto en general, sino la distancia que permitís que se cree entre vosotros. Analizaremos más a fondo los conflictos en punto muerto en nuestro último capítulo sobre la realización de los sueños de cada cual. Porque detrás de cada conflicto estancado, en la posición que adopta cada uno sobre la cuestión, se oculta un ansia personal, un sueño agazapado bajo la superficie, pero listo para salir a la luz. El conflicto puede acercaros más si decidís abordarlo como un instrumento para conocer mejor a vuestra pareja. Si tratáis sinceramente de comprender su posición, podéis crear una intimidad más profunda y una relación más sólida a través de cualquier desacuerdo. Cuando vuestra pareja está enfadada, en vez de actuar a la defensiva o de contraatacar, preguntaos a vosotros mismos, o preguntadle a ella, qué necesita, cuál es el deseo insatisfecho o la esperanza que aún no se ha cumplido. A través de cualquier discusión, si sois capaces de transmitir que amáis y aceptáis a vuestra pareja, aunque discrepéis profundamente de ella, vuestra relación o matrimonio no solo puede sobrevivir, sino también prosperar. Las parejas que llevan décadas casadas han aprendido a ver los defectos y manías del otro —y también las diferencias de personalidad— como algo más divertido que frustrante. Cuando queremos de verdad a una persona, la queremos en todos los aspectos, y la aceptamos tal como es.

*Ejercicio*

## TODOS TENEMOS PROBLEMAS

Hemos creado una lista de veinticinco temas que pueden constituir diferencias fundamentales en vuestras personalidades que generen conflicto, o diferencias esenciales en vuestros estilos de vida que, asimismo, pueden ser una fuente de conflicto. Las necesidades propias de vuestro estilo de vida son básicas para vuestra identidad y para lo que sois como personas. Este ejercicio es una oportunidad para conoceros el uno al otro de nuevas maneras, así como para analizar con curiosidad cuáles podrían ser las fuentes de conflicto en vuestra relación. Examinad cada punto. Escoged entre tres y cinco de los que más os llamen la atención. Anotad cómo os sentís sobre cada uno de los problemas que habéis seleccionado. ¿Pensáis que se trata de un conflicto importante ahora mismo? ¿Creéis que será una fuente de conflicto en el futuro? Es algo que vais a hablar en vuestra cita, así que tomaos tiempo para examinar la cuestión. Algunas parejas decidieron analizar todos los puntos y anotar lo que pensaban sobre cada uno de ellos. Haced lo que os parezca más razonable.

Recordad que en último término estáis tratando de comprender el mundo interior de vuestra pareja y creando un sentido que ambos compartáis. Si la puntualidad es importante para vuestra pareja, y vosotros pensáis que ser puntual es llegar no más de una hora tarde, analizad por qué es algo tan importante o no tan importante para cada uno. Debajo de cada emoción intensa suele haber siempre una historia. Estad dispuestos a contaros vuestras historias y buscad la comprensión que os ayudará a gestionar vuestros conflictos con habilidad y benevolencia.

Cuando penséis en lo que necesitáis, hacedlo en positivo: ¿qué es lo que necesitáis, en lugar de qué es lo que *no* necesitáis o queréis? Asimismo, tratad de que esa necesidad positiva sea lo más concreta posible para que pueda ser una receta de éxito. Por ejemplo: «Me gustaría que me respetaras» no es tan adecuado como «Me gustaría que apagaras tus dispositivos electrónicos durante la cena para que podamos hablar».

## EXPLORAD Y ESTAD DISPUESTOS A ANALIZAR

- ¿En qué somos iguales y en qué somos diferentes?
- ¿Cómo podemos acomodar y aceptar las diferencias entre nosotros?
- ¿Hay diferencias que no podemos aceptar?

1. **Diferencias en pulcritud y organización.** Una persona puede ser pulcra y ordenada, mientras que la otra es más desordenada y no le da ninguna importancia a cierto grado de desbarajuste.
2. **Diferencias en puntualidad.** Una persona llega siempre a la hora o con antelación, y la otra es más descuidada y llega tarde con frecuencia.
3. **Diferencias en la realización de tareas y en terminar las cosas.** Una persona puede ser capaz de hacer muchas cosas al mismo tiempo y la otra prefiere centrarse en una sola cada vez.
4. **Diferencias en la expresión de las emociones.** Una persona es muy expresiva emocionalmente, y la otra, no tanto. Una persona puede valorar el análisis de sus propias emociones más que la otra, que por su parte cree más en la acción que en la introspección.
5. **Diferencias en el deseo de pasar tiempo juntos frente al deseo de disponer de tiempo a solas.** Una persona quiere pasar más tiempo a solas que la otra, que por su parte desea que los dos pasen más tiempo juntos. Esto refleja diferencias fundamentales en el deseo de autonomía frente al deseo de interdependencia.
6. **Diferencias en la frecuencia sexual óptima.** Una persona quiere tener sexo más a menudo que la otra.
7. **Diferencias a la hora de hablar de la vida sexual.** Una persona quiere hablar de la vida sexual para poder mejorarla con el tiempo, mientras que la otra prefiere dejar este aspecto a la espontaneidad y no analizarlo.
8. **Diferencias en temas económicos.** Una persona es aprensiva y previsora, y tiene una mentalidad mucho más conservadora en el terreno de las finanzas, mientras que la otra desea gastar mucho más que su pareja y sigue la filosofía de vivir el momento.

9. **Diferencias en el espíritu aventurero.** Una persona es aventurera y está dispuesta a correr ciertos riesgos cuando se enfrenta a lo desconocido, pero la otra persona es más cauta y alérgica al riesgo, y quiere estudiar con antelación cualquier aventura, de manera que sea en gran parte algo planeado y previsible.

10. **Diferencias respecto a los familiares.** Una persona quiere más independencia respecto a la familia, y la otra quiere mantener con ella una relación más estrecha.

11. **Diferencias en la forma de abordar las tareas domésticas y el cuidado de los niños.** Una persona quiere una división equitativa de las tareas, mientras que la otra no está de acuerdo con esa idea o la considera poco realista.

12. **Diferencias en cómo abordar los desacuerdos.** Una persona quiere poder discutir abiertamente y ser lo más expresiva posible desde el punto de vista emocional, mientras que la otra quizá requiere un modo más lógico, calmado y racional de abordar los conflictos, desprovisto de excesos emocionales.

13. **Diferencias para expresar el enfado.** Una persona manifiesta o afronta sin problemas el enfado, quiere expresarlo con libertad y tiende a superarlo fácilmente. La otra persona considera que el enfado es potencialmente destructivo y una falta de respeto, desea eliminarlo en gran parte de la relación, y quizá es más propensa a tomárselo de un modo personal y a albergar rencores.

14. **Diferencias en cómo educar e imponer disciplina a los niños.** Una persona tiende a ser más estricta con los niños y cree esencial que sean respetuosos, mientras que la otra hace hincapié en la empatía y la comprensión y cree que los niños deberían tener libertad y mantener una estrecha relación emocional con sus padres.

15. **Diferencias en la manera de afrontar la tristeza.** Una persona prefiere ignorar los momentos de tristeza o desesperanza, resolver los problemas y «seguir adelante» activamente, mientras que la otra quiere poder hablar de la tristeza y ser escuchada con comprensión.

16. **Diferencias en el nivel de actividad preferida.** Una persona prefiere estar muy activa, mientras que la otra prefiere divertirse de una forma menos activa y más calmada.

17. **Diferencias en las relaciones sociales.** Una persona es más extrovertida y sociable, y se llena de energía al estar con más gente, mientras que la otra persona tiene que hacer un esfuerzo para estar con otra gente y se carga de energía en soledad.

18. **Diferencias de influencia/poder.** Una persona tiende a ser más dominante a la hora de tomar cualquier decisión a la que se enfrente la pareja, mientras que la otra prefiere un esquema igualitario en la capacidad de decisión.

19. **Diferencias en la ambición y en la importancia atribuida al trabajo.** Una persona es mucho más ambiciosa y está más orientada hacia el trabajo y el éxito, mientras que la otra se centra más en la calidad de la vida familiar y en la diversión con su pareja.

20. **Diferencias respecto a la religión y la espiritualidad.** Una persona valora más las actividades espirituales o los valores religiosos que la otra.

21. **Diferencias respecto a las drogas y el alcohol.** Una persona es mucho más tolerante sobre el consumo de drogas recreativas y alcohol que la otra.

22. **Diferencias en independencia.** Una persona siente mucha más necesidad de ser independiente, en lugar de estar interconectada, que la otra.

23. **Diferencias sobre la necesidad de una vida excitante.** Una persona siente una mayor necesidad que la otra de que la vida sea excitante y tenga un componente de aventura.

24. **Diferencias sobre la fidelidad.** Hay grandes diferencias en lo leales que queréis ser, o habéis sido, entre vosotros desde el punto de vista sexual o romántico.

25. **Diferencias en el modo de divertirse.** Una persona tiende a ser seria y no piensa mucho en la idea de «pasárselo bien», mientras que la otra es más lúdica y menos seria.

## PROCESAR LAS PELEAS

De las muchas parejas que hicieron el siguiente ejercicio, tuvieron esta cita y se plantearon preguntas abiertas, solo una se peleó. En efecto: hablar del conflicto provocó un conflicto, pero solo en una pareja. Si eso os sucede a vosotros en esta cita, o en cualquiera de las demás, no importa. Las peleas son naturales en cualquier relación —es algo inevitable y es sano—, pero la investigación muestra que las parejas que son verdaderamente felices en su matrimonio o relación gestionan sus conflictos de un modo más apacible y positivo. Escuchan el punto de vista de su pareja, tratan de comprenderla y se esfuerzan en hallar una solución que funcione para ambos.

Esto resulta muy fácil leerlo en un libro, pero a veces hacemos y decimos cosas que hieren a nuestra pareja. Olvidamos la necesidad de comprender y soltamos una perorata de veinte minutos para demostrar que nosotros tenemos razón y ellos se equivocan. Nos ponemos a la defensiva, criticamos, mostramos desdén y nos damos la espalda justo cuando deberíamos volvernos el uno hacia el otro. A esto lo llamamos «incidentes lamentables» —nuestro término amable para describir una pelea—, y las parejas «competentes» saben minimizar los daños por las cosas dichas en el calor de una discusión. En su investigación, John y Julie dividieron las parejas entre «competentes» y «desastres». Las primeras se mantenían unidas felizmente. Las segundas acababan rompiendo, o seguían juntas infelizmente. Cuando se presentaba un conflicto, las competentes siempre sabían cómo reparar los daños provocados durante un incidente lamentable.

**NOS DAMOS LA ESPALDA JUSTO CUANDO DEBERÍAMOS VOLVERNOS EL UNO HACIA EL OTRO.**

A continuación ofrecemos un proceso de reparación para cuando se producen incidentes lamentables que debería formar parte de vuestro sistema de gestionar el conflicto. Procesar una pelea quiere decir hablar de lo sucedido durante la pelea sin volver a subir al cuadrilátero con los guantes puestos. Es un proceso de recapitulación en el cual analizáis cómo conseguir que ese enfrentamiento en particular sea gestionado mejor en el futuro. El objetivo es no querer imponer vuestra propia visión o demostrar que vosotros tenéis razón y ellos se equivocan; se trata de comprender cómo es la visión del otro. Ambos tenéis razón en vuestros sentimientos y percepciones, y los dos sois capaces de mirar la situación con los ojos de vuestra pareja.

**PASO 1:** cada uno habla en su turno sobre lo que sentía durante la pelea. ¿Te sentías triste, enfadado, preocupado, solo, avergonzado, no valorado, a la defensiva o presa de cualquier otra emoción? Quizá te sentías descontrolado o confuso.

**PASO 2:** cada uno debería explicar cómo veía la situación y cuál era su punto de vista sobre lo sucedido realmente durante la discusión. Tened presente que quizá tengáis dos visiones muy diferentes de lo ocurrido, pero que ambas sean correctas. Evitad discutir sobre quién lo recuerda mejor. Validad la visión de cada uno. Esto no significa estar de acuerdo, sino ser capaz de formar una frase como: «Desde tu punto de vista, me parece lógico que tuvieras estos sentimientos y necesidades. Lo entiendo». Si creéis que podría ser útil, repasad «El arte de escuchar» del principio del libro. Transmitid a vuestra pareja que, en parte, entendéis su punto de vista. Hablad solo de los sentimientos y necesidades que teníais. Utilizad frases en primera persona. No le digáis a vuestra pareja lo que hizo o no hizo. En la medida de lo posible, no la apuntéis con el dedo ni la acuséis. Es mejor decir «Te he escuchado decir...» que «Tú has dicho...». La primera fórmula deja claro que se trata de vuestro punto de vista, no necesariamente de hechos. No hay ninguna percepción impecable.

**PASO 3: DETONANTES.** En algunos incidentes lamentables (no en todos) hay motivos de que el conflicto se ha intensificado. Los llamamos «detonantes». Son *puntos vulnerables antiguos* que se crearon *antes* de que empezara esta relación y que han dejado cicatrices que pueden volver a abrirse. Cuando te sientes bajo la acción de uno de estos detonantes, busca en tu memoria un recuerdo o un punto de tu historia o de tu infancia en el que tuviste unos sentimientos similares. Los detonantes no desaparecen, sino que perduran en nuestro interior.

*Instrucciones*: si te sientes arrastrado por un detonante, cuéntale a tu pareja lo que sucedió en tu pasado para que pueda entender cuáles son tus susceptibilidades y por qué son un detonante para ti. Si tú eres su pareja, manifiesta comprensión y empatía mientras te describe el incidente y la conexión. Algunos ejemplos de emociones-detonante que pueden ayudarte a relacionar un sentimiento con un incidente son:

- Una ocasión en la que me sentí juzgado.
- Una ocasión en la que me sentí excluido.

- Una ocasión en la que me sentí humillado y tratado sin respeto.
- Una ocasión en la que me sentí abandonado.
- Una ocasión en la que me sentí impotente.
- Una ocasión en la que me acosaron.
- Una ocasión en la que me sentí solo.
- Una ocasión en la que sentí que perdía el control.
- Una ocasión en la que me sentí menospreciado.
- Una ocasión en la que me sentí muy inseguro.
- Una ocasión en la que fui asaltado y atacado.

**PASO 4**: asumir tu responsabilidad y reconocer que tú también contribuiste en provocar la pelea. Quizá hayas estado demasiado estresado o ensimismado en tus problemas, o no has reservado tiempo para tu pareja, o no la has escuchado con atención. ¿Puedes reconocer en qué medida has contribuido tú a provocar la discusión? En este punto es importante evitar las acusaciones. En nuestra investigación hemos descubierto que asumir la responsabilidad —aunque solo sea por una pequeña parte del problema de comunicación— ofrece una gran oportunidad para reparar el conflicto. Es algo enormemente efectivo.

**PASO 5**: pensad cómo podríais hacer las cosas de otra forma la próxima vez. ¿De qué modo puede actuar mejor tu pareja si se repite este tipo de incidente? ¿Cómo puedes hacerlo tú? Cread un plan los dos juntos para herir lo menos posible los sentimientos del otro y evitar un incidente en el futuro.

*Cita rápida*

## RESUMEN DEL CAPÍTULO

Los conflictos son naturales en cualquier relación o matrimonio; es un mito que en una relación feliz siempre te llevarás bien.

- El conflicto es una oportunidad para conocer mejor a tu pareja y para desarrollar una intimidad más profunda a medida que habláis de vuestras diferencias y trabajáis en ellas.
- Hay dos tipos de conflicto:
  - Los problemas resolubles son circunstanciales y están relacionados con un problema concreto. El conflicto o la posición de la persona no suele tener un significado más profundo.
  - Los problemas perpetuos obedecen a diferencias fundamentales en vuestras personalidades o vuestro estilo de vida. Todas las parejas tienen problemas perpetuos, y estos explican el 69 por ciento de los conflictos. Los problemas perpetuos pueden estancarse en un punto muerto. Cuando uno de los dos se siente criticado, rechazado o no aceptado por el otro puede ser una señal de que habéis entrado en un punto muerto.
- Aborda vuestras diferencias con curiosidad, sin pensar en lo que es «apropiado». Actúa con un deseo auténtico de entender las historias que se ocultan bajo los problemas.

# *La cita:* ABORDAR EL CONFLICTO

## TEMA DE CONVERSACIÓN

» ¿Cómo gestionamos el conflicto? ¿En qué sentido somos iguales y en qué sentido somos diferentes? ¿Cómo acomodamos y aceptamos las diferencias entre nosotros?

## PREPARACIÓN

» Repasa los temas y tus respuestas a los problemas del ejercicio. Reflexiona sobre lo que has leído en el capítulo y acerca de cualquier idea que te haya inspirado en relación con cómo has gestionado el conflicto y cómo te gustaría hacerlo en el futuro.

## LUGAR

» En este caso, será el turno del miembro de la pareja que no organizó la primera cita. Lo mejor es escoger un sitio donde podáis hablar en privado. Busca un lugar que resulte tranquilo para ambos, o donde lo pasasteis muy bien en otra ocasión.

## SUGERENCIAS

» Un pícnic en vuestro parque favorito, en una playa, o incluso en vuestro propio patio trasero. Si mantenéis esta conversación en un restaurante, aseguraos de contar con tiempo y privacidad de sobra. Quizá sea preferible a mediodía que por la noche, para que nadie esté demasiado cansado o bajo de energía.

CITA EN CASA: quizá decidáis tener esta cita mientras paseáis juntos por el barrio. Incluso si os quedáis atascados en la conversación, estáis en movimiento. Incluso si no estáis de acuerdo, camináis juntos en la misma dirección. Cogeos de la mano mientras paseáis y habláis de algo que es o ha sido complicado entre vosotros. Comprobad cómo os sentís al caminar así, cogidos de la mano, mientras habláis de cómo gestionar el conflicto.

## REQUISITOS

»» Deberíais llevar anotadas las diferencias que habéis escogido en el ejercicio y estar dispuestos a leer o escuchar con la mente abierta las respuestas de vuestra pareja para poder comentarlas.

## SOLUCIÓN DE PROBLEMAS

- »» No convirtáis a vuestra pareja en el malo de la película. En un conflicto sano no hay ganador; solo hay comprensión, solución o aceptación.
- »» Transmitid una actitud de aceptación de la personalidad de vuestra pareja, por muy diferentes que seáis.
- »» No evitéis el conflicto. Evitar el conflicto alimenta la distancia emocional.
- »» No critiquéis ni juzguéis a vuestra pareja, ni penséis que su punto de vista es erróneo y el vuestro acertado. Ambas perspectivas son válidas.
- »» Cuando se produzcan incidentes lamentables, utilizad los cuatro pasos para procesar la pelea y reparar el daño.
- »» Amad a vuestra pareja tal como es.
- »» Reconoced si un problema es resoluble o no lo es. No todos los conflictos se pueden, o se deben, resolver.

## PREGUNTAS ABIERTAS PARA VUESTRA CONVERSACIÓN

Comentad cada uno de los puntos que habéis escogido del ejercicio. Algunas parejas que tuvieron esta cita decidieron analizar todos los temas. Hablad y escuchad por turnos. Cuando os toque escuchar, formulad las siguientes tres preguntas para cualquiera de los temas que ambos consideréis una fuente de conflicto entre vosotros:

1. ¿Cómo ha llegado este problema a ser importante para ti?

2. ¿Hay una historia detrás de este problema relacionada con tu propia historia personal o con la de tu familia mientras estabas creciendo?
3. ¿Hay un propósito o un objetivo más profundo para ti en la posición que adoptas sobre este problema?

OTRAS PREGUNTAS ABIERTAS SOBRE EL CONFLICTO:

1. ¿Cómo se manejaba el conflicto en tu familia?
2. ¿Cuáles son tus sentimientos sobre el enfado? ¿Cómo se manifestaba en tu familia?
3. ¿De qué manera puedo apoyarte mejor cuando estás enfadado?
4. ¿Cómo te gusta reconciliarte después de un conflicto?
5. ¿Qué es lo que entiendes *ahora* sobre tu pareja que no entendías antes de este ejercicio?

## REAFIRMAR NUESTRO FUTURO JUNTOS

Leeos el uno al otro esta declaración. Miraos a los ojos mientras lo hacéis.

Me comprometo a aceptarte por completo y a asumir nuestras diferencias. Cuando tengamos un conflicto, trataré de entender tus sentimientos y tu punto de vista sobre el problema, y gestionaré nuestro conflicto con todo el tacto posible. Cuando se produzcan incidentes lamentables, procuraré reparar el daño mediante el proceso que hemos analizado.

# Notas

CITA

»» 3 ««

# Vamos a ello

## SEXO E INTIMIDAD

¡Lo reconozco, lo que nosotros hicimos primero fue la cita sobre sexo!

Katya y Ethan llevan casados casi un año, y ambos trabajan muchas horas en la misma empresa tecnológica.

—Los ingenieros y la gente del mundo de la informática no suelen considerarse especialmente sexis —dice Katya—, ¡pero a mí me encanta hablar de sexo! No hay nada de lo que me incomode hablar. En este sentido, soy como mi abuela. Ella habla con la misma desenvoltura de felaciones que del destino de su próximo crucero. Yo siempre pensé que era algo completamente normal hasta que conocí a Ethan.

Decir que Ethan se crio en un hogar más conservador que el de Katya sería quedarse corto.

—Cuando yo tenía unos diecisiete años, mantuvimos *la* conversación —explica—. Fue superembarazoso. Mi padre se limitó a preguntarme si estaba informado sobre las medidas de protección, nada más. Se notaba que estaba incómodo, lo cual me incomodó a mí. Yo fui virgen hasta los veintiuno. Mis padres no hablaban de sexo. El único signo de que eran seres sexuales en algún sentido era el hecho de que existiéramos mis dos hermanos y yo. Aparte de eso, lo que ellos hicieran en el terreno sexual lo hacían en su dormitorio, y en silencio. Nosotros vivíamos en una casa muy pequeña. No creo haberlos visto nunca besándose, o sea, un besito de vez en cuando, pero sin pasión ninguna.

Para Katya, la cita sobre sexo fue una forma de propiciar que ambos se abrieran sobre lo que les gustaba y no les gustaba al hacer el amor.

—Nos proporcionó un buen marco para poder hablar de verdad. El hecho de que hubiera preguntas concretas escritas por alguien que no nos conoce nos animó a formular nuestras propias preguntas y nos permitió hablar de un modo realmente íntimo.

Cuando Katya y Ethan empezaron a salir, hubo una química instantánea.

—Fue algo fuera de lo común. A mí más bien me sorprendió, porque él era un tipo de chico tremendamente aplicado. Superfriki, cosa que yo encuentro sexy. Fuimos de excursión y lo único que yo deseaba todo el rato era echarme encima de él. La atracción era tan fuerte que ni siquiera le escuchaba. No creo que él se diera ni cuenta. Y a mí me daba un poco de miedo porque nunca me había sentido así.

—Claro que lo noté —dice Ethan—. Prácticamente, estabas babeando.

—Esa atracción, de hecho, hizo que yo esperase más tiempo que otras veces para tener sexo. Sabía que él iba a suponer un cambio radical. Esperamos un mes, pero pareció una eternidad porque nos veíamos casi cada día. Yo sabía que él era alguien que iba a cambiar mi vida, no alguien con quien salía, o un novio, o un amante: él era el de verdad. Me encantó aquel mes de expectación. Fue como un largo ritual de coqueteo, y cuando finalmente tuvimos sexo... ¡Uau! Fue algo increíble.

---

**LA CITA SOBRE SEXO FUE UNA FORMA DE PROPICIAR QUE AMBOS SE ABRIERAN SOBRE LO QUE LES GUSTABA Y NO LES GUSTABA AL HACER EL AMOR.**

---

—No me gusta pensar en todos los tipos con los que no esperó. Katya tiene mucha más experiencia sexual que yo, lo cual fue un problema para mí al principio. Siempre me preguntaba si ella quería que le hiciera cosas que yo ni siquiera conocía. Yo no veo porno. Nunca he leído una novela erótica. No es el terreno en el que me siento más seguro. Si el sexo consistiera en programar, me convertiría fácilmente en un experto, pero no es así. En cierto modo, para mí las mujeres eran misteriosas. Katya sigue siéndolo para mí.

—¿Yo, o mi vagina?

—¡Ambas! —responde Ethan riendo—. Precisamente de eso estoy hablando. Tú eres mucho más abierta en tu manera de hablar de ello, y a mí me encanta. Me ayuda a abrirme y a sentirme más cómodo. Creo que mi padre se desmayaría si pronunciaras la palabra «vagina» delante de él. Literalmente: se caería redondo.

—Es una especie de extraña inversión de papeles —dice Katya—, porque existe el estereotipo de que las mujeres son vírgenes inocentes y los hombres las guían en el terreno sexual; pero a mí me encanta que me hayas dejado enseñarte y mostrarte lo que me gusta. Sé que a ti te cuesta decirme lo que te gusta y lo que no te gusta, pero yo quiero saber qué es lo que te excita más.

—Me excita todo.

—Eso se dice muy fácilmente, pero yo quiero saberlo en concreto. Quiero que seamos capaces de hablar de todo en el terreno sexual. No tengo ni idea de si tienes fantasías. Me encantaría interpretar una fantasía tuya. En serio. Cualquier cosa.

—¿Cualquier cosa?

—¡Cualquier cosa!

Grace y Mia son una pareja no casada del mismo sexo; llevan saliendo poco más de un año. Estaban decidiendo si se iban a vivir juntas cuando tuvieron la cita sobre sexo e intimidad.

—Ambas trabajamos a veces setenta horas semanales, así que, cuando pasamos la noche juntas, en lugar de hacer el amor, simplemente nos quedamos dormidas. Pero estamos trabajando en ello —explica Grace—. Quiero decir, antes teníamos sexo tres o cuatro veces a la semana, pero ahora nos hacemos un montón de mimos y nos quedamos fritas.

—¿Eso es un problema para ti? —pregunta Mia.

—Pienso que, mientras tengamos sexo al menos una vez a la semana, está bien. Yo voy a intentar trabajar solo cincuenta horas a la semana. ¿Tú qué piensas?

—Si pasamos dos semanas sin sexo —dice Mia riendo—, vamos a tener que hablar.

—Yo también querré hablar contigo si pasa tanto tiempo.

Grace y Mia hablan con tono desenvuelto y jovial sobre lo que les gusta y no les gusta en el sexo.

—Probamos montones de posturas nuevas al hacer el amor —dice Mia—. Es algo divertido. Me gusta cuando lo hacemos en plan lento y sensual, y verdaderamente conectadas. Así me siento amada. Así, y también cuando me dices que me amas. Me siento más amada que nunca cuando me lo estás diciendo y demostrando.

Ambas dicen estar preocupadas por la frecuencia del sexo, y Grace manifiesta inquietud por la creatividad en su vida sexual.

—A veces es como si siguiéramos la rutina de siempre, y a mí me gustaría probar cosas nuevas.

—¿Como qué?

—Como combinar el yoga y el sexo. O incluso el acroyoga, en el que te pones patas arriba. Quiero ver si podemos incorporar más espiritualidad a nuestra forma de hacer el amor. Trabajar con la energía. Eso me interesa mucho.

—No sabía que querías hacer eso.

—Las dos somos bastante flexibles, así que creo que sería divertido. Y si nos caemos de morros mientras practicamos el acroyoga, ¡al menos lo habremos intentado!

—¡Sin duda sería una buena historia!

Matthew y Erin tienen un bebé de nueve meses, llevan tres años casados y nueve juntos.

—Cuesta encontrar la energía, o el tiempo —dice Erin—. Echo de menos lo espontáneos que éramos en el sexo. Me encantó aquella vez en la playa, de vacaciones.

—Eso fue prácticamente en público, aunque estábamos en el agua —dice Matthew—. No sé si alguien se dio cuenta de lo que estábamos haciendo, pero eso lo hacía más excitante.

—Fue increíble —dice Erin.

—Supongo que me gustaría saber cómo puedo ayudarte a ser más espontánea —comenta Matthew—. Esto es lo que pasa cuando tienes un bebé: ya lo ves, yo intentando programar tu espontaneidad. Pero sé que estás cansada y que el bebé te quita un montón de tiempo, de atención y energía.

—O sea, ¿que te sientes abandonado? —pregunta Erin.

—No. Abandonado, no —responde Matthew—, porque sabía dónde nos metíamos al ser padres, y sé que la cosa no será así para siempre, pero sí me gustaría pasar más tiempo juntos en la intimidad. Lo echo de menos.

—Yo también lo echo de menos. Lo que pasa con la lactancia es que a veces no quiero que me toque nada ni nadie, sobre todo los pechos. Y aún no me siento tan segura sobre mi cuerpo. Pero no quiero que perdamos esa intimidad. A veces basta con sentirse abrazada y, ya sabes, reconfortada. Ahora mismo, esos momentos son sexis para mí. Esperamos tanto para tener este bebé..., y ahora resulta que me siento cansada la mayor parte del tiempo. ¡Debería haber tenido un hijo a los veinticuatro, no a los treinta y cuatro!

—En mi opinión, estás guapísima. Y procuraré ayudarte más, para que estés más descansada.

—¿Y para tener más sexo? —dice Erin, riendo.

—Bueno, sí —responde Matthew—, no me quejaré si es así.

—Es bueno hablar de cómo han cambiado las cosas. A veces me preocupo, y me pregunto si vas a dejarme por otra mujer más joven que no esté cansada todo el tiempo y pueda tener sexo cuatro veces al día.

—¿En serio? —dice Matthew.

—Sí, aunque eso es en parte algo hormonal —responde Erin.

—Yo puedo estar sin sexo, pero todavía quiero sentir que estamos conectados como pareja y no solo como padres. Quiero que coqueteemos y nos besemos. Quiero que me digas lo sexy y atractivo que soy para ti. Yo nunca te dejaría por una mujer más joven capaz de tener sexo cuatro veces al día. Te lo prometo.

—De todos modos, probablemente sería una zorra integral.

—Probablemente —dice Matthew.

Erin reflexiona un momento.

—¿Qué te parece si nos proponemos hacer que el otro se sienta más querido durante el día, cuando no existe la presión de tener o no tener sexo? A mí me ayudaría a no estresarme tanto con la idea de que te estoy fallando en ese terreno. Quizá solo un mensaje de texto de vez en cuando, para que empiece a sentirme menos como una vaca lechera y más como la Erin de la playa.

—¡Soy capaz de *sextearte* duro! —dice Matthew, riendo.

—¡Uau! ¿Lo ves? Ya empieza a surtir efecto.

En el caso de todas las parejas que compartieron con nosotros las conversaciones de sus citas de sexo, el humor desempeñó un gran papel. Hablar de sexo no tiene por qué ser incómodo o embarazoso o terriblemente serio. Abordad esta conversación y esta cita con ligereza y sinceridad. Una pareja comprometida que había decidido mantenerse célibe hasta el matrimonio no paró de reírse durante la conversación, pero encontró instructivo hablar de sexo antes de haber mantenido relaciones:

—Fue divertido. Lo aplicamos a las cosas que nos habíamos hecho sexualmente. Somos célibes y vírgenes, pero no monjes ni nada parecido. Reírse del sexo hace que el tema se convierta en algo menos serio y estresante. Y fue un buen modo de empezar la conversación incluso antes de casarnos. De lo único que no teníamos ni idea era de la frecuencia con la que vamos a querer tener sexo. O sea, no tenemos ni la menor idea de lo que será normal para nosotros en ese aspecto.

## ENCONTRAR VUESTRA NORMALIDAD

Todos nos preguntamos sobre las demás parejas. ¿Cuánto sexo tienen? ¿Cómo es nuestra vida sexual en comparación? ¿Y si el sexo no es tan importante para nosotros? ¿Y si hemos decidido ser célibes? Si no tenemos sexo con mucha frecuencia o si el sexo disminuye, ¿quiere decir que nuestra relación está condenada? ¿Qué hay de la fantasía y del juego de roles? ¿Y del sexo oral? ¿Y del sexo anal? ¿Y qué cantidad de sexo es «normal» en una relación de larga duración?

Lo normal es lo que funciona para ti y tu pareja. Según un pormenorizado estudio de la Universidad de Chicago, el 80 por ciento de las parejas casadas tienen sexo unas pocas veces al mes o más; de ellas, el 32 por ciento decía tener sexo dos o tres veces por semana, y el 48 por ciento, varias veces al mes. Es un mito que el sexo sea o deba ser profundamente romántico, con velitas, música suave y horas haciendo el amor sin prisas. Las parejas reales pueden tener sexo durante largo rato en algunas ocasiones y echar un polvo rápido con más frecuencia. Puede haber fantasía, juegos de roles, juguetes sexuales, e incluso ciertas cosas que no podrías imaginar que hagan tus mejores amigos. Lo normal es aquello con lo que ambos os sintáis cómodos, y lo normal suele cambiar a lo largo de vuestra relación: cuando tenéis hijos, cuando envejecéis, cuando lidiáis con problemas médicos. Todo ello es una parte normal de la sexualidad humana, y está bien. Empezar vuestra relación o matrimonio diciendo «Vamos a tener sexo todos los días» es una receta segura de fracaso. La vida se interpone, y no hay un campo más claro de hasta qué punto lo hace que el de la sexualidad.

**ES UN MITO QUE EL SEXO SEA O DEBA SER PROFUNDAMENTE ROMÁNTICO.**

Todos queremos mantener una relación apasionada y con conexión, y hay muchas formas tanto de crear como de destruir esa conexión que tiene lugar fuera del dormitorio. Lo más importante es no dejar que el sexo se convierta en el último punto de una lista de tareas muy larga, en la última obligación que atender cuando los dos estáis exhaustos. Hay modos concretos de asegurar que disfrutéis de una gran vida sexual.

Christianne Northrup, Pepper Schwartz y James Witte realizaron una investigación con setenta mil respuestas de veinticuatro países; en su libro *The Normal Bar* reflejaron los resultados de tan gran encuesta sobre amor y sexo. Las parejas que tienen una gran vida sexual:

- Se dicen «Te quiero» todos los días, y lo dicen de verdad.
- Se compran regalos sorpresa, de carácter romántico.
- Se hacen cumplidos con frecuencia.
- Hacen vacaciones románticas.
- Se dan masajes en la espalda.
- Se besan apasionadamente sin ningún motivo (el 85 por ciento de las parejas a las que les encanta el sexo se besan también apasionadamente).
- Muestran su afecto en público (se cogen de la mano, se acarician, se besan).
- Se dan mimos cada día (solo el 6 por ciento de los que no lo hacen tiene una gran vida sexual).
- Tienen una cita romántica una vez a la semana que puede incluir ponerse elegante, cenar fuera, darse un masaje y hacer el amor.

- Convierten las relaciones sexuales en una prioridad y hablan de sexo con toda tranquilidad.
- Están abiertas a toda una serie de actividades sexuales.
- Buscan con pequeños gestos la conexión emocional.

Además, cuanto más hacen las parejas estas cosas, mejor es su vida sexual. Los países punteros eran España e Italia. Conclusión: el sexo fantástico no es una ciencia oculta. Es algo perfectamente factible, pero tenéis que ser capaces de hablar de ello y convertirlo en algo prioritario en vuestra relación.

**CUANTO MÁS HACEN LAS PAREJAS ESTAS COSAS, MEJOR ES SU VIDA SEXUAL.**

## SEXO DESPUÉS DE SER PADRES

Un estudio con parejas de «doble carrera» (es decir, en las que ambos trabajan) realizado en la Universidad de California por uno de los centros Sloan, Center on the Everyday Lives of Families, mostró que las parejas con niños pequeños tendían a pasar muy poco tiempo juntas. Igual que Matthew y Erin, durante una velada normal, esas parejas pasaban a solas únicamente un 10 por ciento del tiempo. Por regla general, el padre estaba solo en una habitación y la madre estaba sola con los niños. Un investigador de este estudio nos dijo que las parejas de doble carrera hablaban un promedio de treinta y cinco minutos por semana, y que la mayor parte de la charla era sobre recados y gestiones. Por tanto, muchas parejas acaban dejando de hacer las cosas románticas que sostienen una relación amorosa. Dejan de pasárselo bien. Dejan de buscar tiempo para jugar. Dejan de hacer escapadas o tener citas románticas. Dejan de vivir aventuras juntas. Dejan de hacer todas las cosas que mantienen la pasión y una vida romántica vibrante. Sus vidas, por el contrario, se convierten en una interminable lista de recados, en una penosa monotonía.

Nada de esto es inevitable, especialmente cuando llegan los hijos. El mayor regalo que una pareja puede hacerles a sus hijos es mantener una relación amorosa que les sirva de modelo y en cuyo seno puedan crecer. Los niños se alimentan del amor que existe entre sus padres en la misma medida que del amor que reciben ellos directamente.

## HABLAR DE SEXO

Esta cita consiste en hablar de vuestra vida sexual y en crear vuestros propios rituales de conexión. Para eso, sin embargo, tenéis que ser capaces de hablar de sexo. La investigación muestra que las parejas que lo hacen abiertamente tienen más sexo, y las mujeres de esas parejas, más orgasmos. Hablar de sexo resulta beneficioso para ambos. Pero aun sabiendo que simplemente hablar de ello genera más sexo (y uno más satisfactorio), puede ser difícil. Solo una minoría es capaz de hablar del tema abiertamente y con libertad. Pero eso es algo que podéis aprender y con lo que podéis sentiros cada vez más cómodos. Lo importante cuando habláis de sexo con vuestra pareja es centraros en lo que os gusta y en lo que os resulta placentero. «Me gusta cuando me tocas aquí... Siento un gran placer cuando me haces...». Es especialmente importante que las mujeres se sientan cómodas en este punto, porque la investigación muestra que los hombres quieren y requieren cierta orientación. Estos desean darle placer a su pareja, quieran satisfacerla sexualmente y contar con ciertas pautas.

Otro punto clave al analizar lo que funciona y no funciona en vuestra vida sexual es hablarlo fuera del dormitorio. Parar en mitad del acto para hacer una crítica constructiva no os sentará demasiado bien a ninguno de los dos. Una pareja que conocemos tiene la costumbre de hacer lo que llaman una «reseña sexual» *a posteriori*. Eso suele ser a la mañana siguiente, mientras toman un café o incluso mientras están haciendo recados. «Hablamos de lo que nos ha gustado. De lo que quisiéramos probar la próxima vez que hagamos el amor. Nuevos movimientos, cosas que han sido sorprendentes. Cualquier cosa, en realidad. La reseña sexual es un modo de mantener el ambiente sensual incluso cuando no estamos haciendo cosas sensuales».

Esta pareja en concreto recurría mucho al humor para analizar lo que estaba bien y funcionaba para cada uno de ellos en su vida sexual. Sus conversaciones eran siempre positivas y nunca había una «mala» reseña. Solamente hablaban de lo que les gustaba. Todas las conversaciones de este libro exigen que os mostréis sinceros, abiertos y vulnerables ante vuestra pareja, lo cual puede resultar incómodo (seguramente, lo será). Hablar de sexo, sin embargo, puede llevar la vulnerabilidad a un nivel completamente distinto. Con frecuencia, puede parecer más fácil estar desnudo físicamente que emocionalmente, pero si pretendéis que una relación o matrimonio llegue lejos, vais a tener que desnudaros del todo.

## CÓMO EMPEZAR

La investigación muestra que el 70 por ciento de la gente (tanto hombres como mujeres) utiliza indirectas para pedir sexo. Un método directo sería: «Eh, cielo, vamos a hacer el amor», «Quiero sexo», «¿Te apetece tener sexo?». Pero solo el 30 por ciento de las parejas, casadas o no, utiliza este sistema. La mayoría de la gente insinúa que quiere hacer el amor con una caricia, un mimo o un beso, y lo hace, como nosotros decimos, «salvando las apariencias». Eso significa dar un beso o hacer una carantoña, ver cuál es la reacción y proceder según ella. Es una forma de tantear el terreno y evitar ser rechazado. A nadie le gusta el rechazo, sobre todo cuando está excitado y busca un rato sensual. A medida que las relaciones maduran, los gestos que buscan afecto y sexo se vuelven más directos, lo cual es bueno, porque hay menos posibilidades de crear malentendidos y herir sentimientos cuando somos directos, afectuosos... y sensuales.

En general, hay ciertas diferencias entre los hombres y las mujeres a la hora de pedir sexo. Decimos «en general» porque hay excepciones a cada regla. También queremos aclarar que hemos citado la investigación disponible sobre parejas gais y lesbianas, pero que casi no existe ninguna sobre parejas transgénero, lo cual limita nuestras referencias. Esperamos que esta situación cambie en el futuro.

**PENSAR EN EL SEXO:** los hombres piensan en el sexo más que las mujeres. El 54 por ciento de los hombres frente al 19 por ciento de las mujeres piensa en el sexo cada día o varias veces al día.

**FRECUENCIA:** en nuestra investigación de la vida sexual de las parejas, descubrimos que idealmente los hombres quieren sexo entre cuatro y cinco veces a la semana, y las mujeres entre una y dos veces.

**FANTASÍAS:** los hombres tienen más fantasías sexuales explícitas y las mujeres más fantasías románticas.

**MASTURBACIÓN:** los varones adolescentes se masturban más que las mujeres adolescentes, y esta diferencia se mantiene durante la edad adulta.

**REQUISITOS PARA EL SEXO:** a los hombres les gusta sentirse conectados emocionalmente para tener sexo; las mujeres *necesitan* sentirse conectadas emocionalmente para tener sexo. Casi el 90 por ciento de las parejas que entrevistamos estuvieron de acuerdo con la afirmación anterior. Nosotros lo formulamos diciendo que las mujeres tienen más requisitos para el sexo que los hombres. Los de ellas no se limitan siempre a una estrecha relación emocional; a veces pueden tener que ver con el hecho de estar cansadas, distraídas o tensas, o de no sentirse bien respecto a sí mismas o a su cuerpo. Curiosamente, los datos muestran que los hombres gais tienen más sexo que cualquier otro tipo de pareja (son *dos* personas con el menor número de requisitos) y que las lesbianas tienen menos sexo que cualquier otro tipo de pareja (son *dos* personas con el mayor número de requisitos). El deseo sexual, en el caso de las mujeres, es un barómetro de cómo va el resto de su vida. Si no está contenta, descansada o sana, o no se siente apoyada y querida, no le va a apetecer tener sexo.

**DECIR SÍ:** las mujeres, pese a tener más requisitos para el sexo, acceden a mantener relaciones con la misma frecuencia que los hombres. Los psicólogos Sandra Byers y Larry Heinlein pidieron a una serie de hombres y mujeres que mantuvieran un registro de su vida sexual, y descubrieron que tanto los hombres como las mujeres decían sí al sexo en un 75 por ciento de las ocasiones. Así pues, más allá de quien tome la iniciativa (y en su estudio los hombres la tomaban más a menudo que las mujeres), el porcentaje de respuestas positivas es el mismo. ¿No es una cifra increíble, teniendo en cuenta lo mucho que tememos el rechazo? ¡No hay que preocuparse tanto!

**ACEPTAR EL «NO»:** si tu pareja no quiere tener sexo, lo más importante es no tomárselo de un modo personal. En las parejas felices, no hay enfado ni actitudes defensivas si uno de los dos no tiene ganas. Según nuestra investigación, cada uno de vosotros no va a tener ganas el 25 por ciento de las veces que el otro sí las tenga. Encontrar el modo de gestionar el «no» es crucial para el éxito de vuestra relación. Buscad modos de ser afectuosos y estar juntos, aun cuando el sexo haya quedado excluido. Las parejas que han llegado a dominar la aceptación del «no» acaban teniendo más sexo que las parejas en las que uno de los dos se enfada cuando el otro no tiene ganas. Una excelente manera de reaccionar al «no» es darse cuenta de que ese «no» no tiene por qué interrumpir la conexión. Uno puede decir: «Gracias por decirme que no tienes ganas. ¿Qué te gustaría hacer? ¿Te apetece dar un paseo? ¿Ver la tele? ¿Hacernos unos mimos? ¿Simplemente hablar? ¿O prefieres pasar un rato a solas?». Es importante no castigar a vuestra pareja por decir que no. No os enfurruñéis ni os quejéis. Para los hombres, es especialmente duro escuchar un «no», porque la investigación demuestra que ser deseado sexualmente es esencial para su sentimiento de masculinidad. Incluso se ha hecho un estudio que muestra que los hombres preferirían ser despedidos de su trabajo que tener una pareja que no los desee sexualmente. Si aparte del sexo hay una falta de afecto físico, de coqueteo y conexión íntima, vuestra vida sexual se resentirá. Si hay una distancia emocional o un conflicto importante, como hemos analizado en el capítulo anterior, vuestra vida sexual se resentirá. El hecho de que no haya un sentimiento de seguridad física o emocional, o si uno de vosotros no se siente valorado, puede afectar tanto a la calidad como a la cantidad de vuestra vida sexual. Comprobar cómo está el mundo interior de vuestra pareja contribuirá a que vuestra vida sexual se fortalezca.

## MANTENER LA PASIÓN

Hay un modo sencillo de que la pasión siga fluyendo en vuestra relación: besarse. Besaos mucho. Besaos a menudo. Besaos cada vez que os separéis y cada vez que os volváis a encontrar. Y no nos referimos a un besito en los labios como el que podríais darle a vuestra abuela; os recomendamos un beso jugoso de seis segundos que haría que vuestra abuela —o cualquiera que estuviera mirando— se sonrojara. Cuando besas apasionadamente, desencadenas una cascada de hormonas y neurotransmisores que libera dopamina e incrementa la oxitocina, sustancias que te hacen sentir bien. Muy bien. Si besas sintiéndolo de verdad, tus vasos sanguíneos se dilatan, tu cerebro recibe una cantidad extra de oxígeno, tus pupilas se dilatan y tus mejillas se enrojecen. Los labios son la zona erógena más expuesta de nuestro cuerpo y están conectados con una parte desproporcionadamente grande del cerebro. El cerebro se ilumina literalmente con un buen beso, y besar activa cinco de los doce nervios craneales. Lo más importante, sin embargo, es que durante esos seis segundos cuando os separáis u os volvéis a encontrar, estáis desconectando del mundo exterior y reconectando con vuestra pareja y con el mundo que estáis creando juntos. En solo seis segundos os decís mutuamente que sois importantes y os volvéis a escoger el uno al otro.

Como hemos mencionado antes, el mayor estudio sobre el amor realizado en todo el mundo, con setenta mil personas de veinticuatro países, descubrió que en todas las relaciones excelentes, besarse apasionadamente sin ningún motivo era una clave universal para mantener una gran vida sexual. Sheril Kirshenbaum, en su libro *The Science of Kissing*, cita un estudio alemán que se hizo durante diez años que descubrió que los hombres que besaban a sus esposas antes de irse al trabajo vivían cinco años más y ganaban un 20 por ciento más que los hombres que «se iban sin un besito de despedida».

Otro factor clave para que la pasión siga fluyendo es expresar vuestro cariño, afecto y gratitud verbalmente. No basta con *pensar* cosas positivas de vuestra pareja; tenéis que *verbalizarlas*. Valorad sus esfuerzos, su atractivo, su inteligencia, su trabajo, sus habilidades, su sentido del humor y cualquier otra cosa suya que os encante y os inspire admiración. El Laboratorio del Amor halló que las relaciones exitosas, en su vida cotidiana, durante el tiempo que se realizó el estudio, tenían una proporción de veinte interacciones positivas frente a una negativa. Eso significa que por cada vez que ponéis los ojos en blanco ante algo que hace o dice vuestra pareja, debéis compensarlo con veinte reacciones y respuestas positivas. Cuando vuestra pareja requiere atención, dádsela. Preguntadle cómo le ha ido el día mirándola a los ojos; hablad con ella de las cosas que la estresan, escuchadla, identificaos con sus dificultades. Cada vez que estáis juntos es una oportunidad para conoceros mejor y para acercaros más el uno al otro. Cuando estáis separados, enviaos mensajes de amor, o coquetead por teléfono o correo electrónico. Decidle a vuestra pareja que estáis pensando en ella y que la queréis. Estos pequeños gestos y momentos de conexión —los que se producen fuera del dormitorio— son precisamente los que mantienen viva la pasión en vuestra relación: mucho más, de hecho, que cualquier ocurrencia atrevida que decidáis probar a puerta cerrada. Buscad tiempo para salir juntos, para conoceros mejor día tras día y para crear vuestros propios rituales de conexión. El amor se hace con la mente y el corazón, tanto si el cuerpo está involucrado como si no. Y creednos cuando os decimos que este tipo de gestos amorosos y de rituales románticos harán que vuestro deseo crezca con los años.

**BESARSE APASIONADAMENTE SIN NINGÚN MOTIVO ES UNA CLAVE UNIVERSAL PARA MANTENER UNA GRAN VIDA SEXUAL.**

*Cita rápida*

## RESUMEN DEL CAPÍTULO

- Los rituales íntimos y románticos para generar conexión mantienen la pasión y la felicidad en una relación.
- Las parejas capaces de hablar abiertamente de sexo tienen más sexo, y las mujeres más orgasmos.
- Hablar de sexo es difícil para la mayoría de las parejas, pero se vuelve más fácil y cómodo con el tiempo y la práctica.
- El mejor momento para hablar de sexo no es cuando estás haciendo el amor, sino fuera del dormitorio. ¡Reseñas de sexo!
- Dile a tu pareja qué es lo que te gusta y te da placer, no lo que no hace bien.
- El 80 por ciento de las parejas casadas tiene sexo varias veces al mes o más. La frecuencia que resulte cómoda para los dos, sea cual sea, es la normal.
- Las parejas casadas tienen más sexo que las parejas que están saliendo o viven juntas.
- Los principales «asesinos» del sexo y la pasión en una pareja son:
  - Falta de afecto físico, de coqueteo y conexión íntima, aparte del sexo.
  - Tareas cruciales desatendidas.
  - Distancia emocional y conflicto importante.
  - Sensación de falta de seguridad emocional o física.
  - Agotamiento y estrés.
  - Sentimiento de no ser valorado.

# La cita: SEXO E INTIMIDAD

## TEMA DE CONVERSACIÓN

»» El amor, el sexo y la intimidad física son los temas de los que debes hablar y que tienes que analizar durante la cita.

## PREPARACIÓN

»» Reflexiona sobre lo que has leído en este capítulo y acerca de cualquier idea que te haya suscitado acerca de cómo deseas que sea el sexo y la pasión en tu relación o matrimonio. ¿Qué rituales de conexión podrías crear? Si te cuesta hablar de sexo, debes estar dispuesto a decirlo y a analizar por qué te cuesta. No hay un modo correcto o erróneo de hablar del sexo. Todo consiste en ser lo bastante valiente para decir lo que piensas.

## LUGAR

»» Para esta cita, lo más indicado es una cena con velas en algún sitio. Puede ser en vuestro restaurante romántico favorito o en un lugar público donde podáis hablar con mucha tranquilidad, como una calita de una playa o un rincón escondido de un parque. El tema es la intimidad, el sexo y el amor. ¿Hay algún sitio que sea especialmente íntimo y romántico para ti y tu pareja? Podríais hacer también alguna actividad física juntos para conectar con vuestro cuerpo antes de la cita, como una clase de baile o yoga, o una sesión de estiramientos.

## SUGERENCIAS

»» Te sugerimos que procures que esta cita sea lo más romántica y seductora posible. Si vais a salir, vístete de manera que tu pareja te encuentre sexy. Si no sabes cómo, pregúntaselo. Incluso puedes decidir que el otro escoja tu ropa para esta cita «sexy». Para mantener esta conversación, debes sentir presente tu cuerpo. Mientras te centras en hablar de intimidad física con tu pareja, sintoniza también con tu propia experiencia física. En mitad de la conversación, detente a observar tu cuerpo y el de tu pareja. ¿Se te ha acelerado el corazón? ¿Respiras despacio o deprisa? ¿Estás excitado? Revisa lentamente cada parte de tu cuerpo, desde los dedos de los pies hasta lo alto de la coronilla.

**CITA EN CASA:** si vais a tener la cita en casa, organizad las cosas para estar solos y celebradla desnudos en la cama. O desnudos en la sala de estar. Si tenéis un patio o un jardín bonitos, salid allí (aunque probablemente vestidos, en ese caso).

## REQUISITOS

» Deberías acudir con la mente abierta y la voluntad de mostrarte vulnerable ante tu pareja. Adopta una actitud de «SÍ, Y...», en lugar de «SÍ, PERO...», ante sus ideas. «Sí, y...» significa que aceptas todo lo que tu pareja considera cierto desde su punto de vista y, con el ánimo de improvisar (que es de donde sale el «Sí, y...»), pones de tu parte en la conversación y en la comprensión entre ambos. «Sí, pero...» niega lo que el otro te está explicando. Si hablar de sexo no te resulta fácil, quizá prefieras anotar por anticipado tus pensamientos sobre este capítulo y leérselos a tu pareja.

## SOLUCIÓN DE PROBLEMAS

- Sé lo más concreto que puedas sobre lo que te gusta en el sexo; procura no hablar con vaguedad. Di lo que te gusta, no lo que no te gusta.
- No compares tus experiencias sexuales con tu pareja con las que has tenido en el pasado.
- Si no entiendes a qué se refiere tu pareja cuando habla de sexo o de un acto sexual, pregunta.
- Utiliza palabras que te resulten cómodas para poder hablar abiertamente de anatomía y actividad sexual.
- Mantén la mente abierta respecto a lo que excita a tu pareja, sea lo que sea, y no la juzgues por las fantasías que pueda tener.

- Si a tu pareja no le apetece tener sexo al final de la cita, acéptalo, y actúa con cariño y afecto. Nunca te pongas furioso ante un rechazo.

## PREGUNTAS ABIERTAS PARA VUESTRA CONVERSACIÓN

Formulad y responded por turnos estas preguntas:

1. Piensa en todas las veces que hemos tenido sexo. ¿Cuáles son tus preferidas? ¿Qué fue lo que convirtió aquella vez en tu preferida?
2. ¿Qué es lo que te excita?
3. ¿Cómo puedo intensificar nuestra pasión?
4. ¿De qué manera prefieres que te diga que quiero tener sexo?
5. ¿Dónde y cómo te gusta que te toque?
6. ¿Cuál es tu hora favorita para hacer el amor y por qué? ¿Cuál es tu posición favorita?
7. ¿Hay algo que siempre has deseado probar, pero no te has atrevido a pedir? ¿Con qué frecuencia te gustaría tener sexo?
8. ¿Qué puedo hacer para mejorar nuestra vida sexual?

## REAFIRMAR NUESTRO FUTURO JUNTOS

Leeos el uno al otro esta declaración. Miraos a los ojos mientras lo hacéis.

»» ««

Me comprometo a crear nuestros propios rituales de conexión y a generar más pasión fuera del dormitorio expresándote mi afecto y mi amor. Me comprometo a darte un beso de seis segundos cada vez que nos despidamos o nos saludemos durante la próxima semana. Me comprometo a comentar, explorar y renovar nuestra relación sexual.

# Notas

CITA

»» 4 ««

# El coste del amor

## TRABAJO Y DINERO

Adam y Trevor llevan poco más de dos años casados, pero han vivido juntos cinco. Ambos estaban deseando tener la cita sobre el dinero, porque ese ha sido un problema desde que empezaron a salir. A Adam le gusta hacer planes para el futuro o por si vienen mal dadas, y se empeña casi fanáticamente en tener ahorrado como mínimo el equivalente a seis meses de alquiler y facturas para casos de emergencia. Trevor considera que el dinero sobrante debería gastarse en diversión, entretenimiento y experiencias memorables.

—La vida es corta —dice Trevor—. Quizá no estés aquí mañana, así que para qué esperar. No quiero una lista de deseos. Yo tengo una lista de cosas que hacer ahora.

Los conflictos a cuenta del dinero resultaron bastante fáciles de resolver durante sus dos primeros años de relación. Guardaban la mitad de lo que Adam quería ahorrar cada mes y gastaban la otra mitad en lo que Trevor deseaba: excitantes fines de semana juntos y actividades nuevas como surf de remo y tirolina. Sin embargo, cuando Adam recibió una pequeña herencia, sus discrepancias menores sobre el dinero se convirtieron en una gran pelea.

—Era un dinero extra por encima de lo presupuestado, así que yo quería ponerlo todo directamente en los ahorros —dijo Adam—. Pero Trevor quería viajar. Siempre habíamos soñado con el sudeste de Asia, pero no teníamos el dinero para un viaje semejante. Especialmente porque los dos trabajamos por cuenta propia, o sea, que no era solo el coste del viaje, sino el de todas las horas que no íbamos a trabajar.

—Aquello era un regalo caído del cielo —dice Trevor—. Era una oportunidad para hacer algo que siempre habíamos deseado. Pero no logré que viera las cosas a mi manera. Además, la herencia era suya, de manera que sentí que solo podía discutir hasta cierto punto.

—Él estaba terriblemente disgustado —dice Adam—. Fue algo serio. Desde mi punto de vista, el dinero era de los dos (nosotros lo compartimos todo), pero realmente no comprendía por qué él no veía aquello como una oportunidad para ganar un buen margen por una vez y contar con un colchón más grande por si hacía falta. Yo también quería viajar, pero no me parecía factible saltarse todo ese tiempo de trabajo. Me parecía arriesgado.

Todo cambió cuando empezaron a analizar lo que el dinero significaba realmente para cada uno. El padre de Trevor había muerto muy joven, a los treinta y cinco años.

—Mis padres decían que iban a llevarnos a un montón de viajes y aventuras, pero esos viajes quedaban postergados para un futuro mágico. *Algún día* iríamos a Disneylandia. *Algún día* iríamos a Hawái. Y cuando mi padre falleció, todas esas aventuras mágicas murieron con él. Ese *algún día* nunca llegó. Cuando estés en tu lecho de muerte, no lamentarás los recuerdos que has creado con las personas que amas; solo lamentarás lo que no has hecho.

Los padres de Adam nunca ahorraron.

—Mi padre perdió su empleo y lo pasamos mal. Él no tenía nada a lo que recurrir: ningún ahorro en absoluto. Salimos adelante, pero el hecho de no poder atender las necesidades de su familia lo destrozó. Mi hermana y yo empezamos a trabajar muy jóvenes, a los doce y a los catorce años, haciendo cualquier cosa para sacar dinero y contribuir a pagar el alquiler y la comida. Fue muy duro. Luego mi padre acabó encontrando un empleo importante y ganándose muy bien la vida, pero yo había sentido un gran resentimiento hacia él por el hecho de que no tuviera nada ahorrado para mantenernos durante ese periodo. Ahora siempre me pregunta si estoy ahorrando y cuál es mi plan B si pierdo mi trabajo. Él me metió ese miedo dentro. Y esta herencia de mi abuela significa mucho para mí y quiero darle un buen uso.

Cuando Adam y Trevor entendieron lo que el dinero representaba para cada uno, y conocieron estas historias familiares tan diferentes respecto al gasto y al ahorro, el conflicto sobre la herencia concluyó. Aunque Adam propuso que hicieran el viaje al Sudeste Asiático, Trevor sugirió que solo dedicaran al viaje el 10 por ciento del dinero y trataran de buscar formas más baratas de viajar.

—Después de escuchar lo que ocurrió cuando su padre se quedó sin trabajo, entendí mejor sus antecedentes. No era algo relacionado conmigo. Tenía que ver con la situación en la que había crecido, y yo no me habría sentido bien si nos hubiéramos gastado todo el dinero en un gran viaje. Con un poco me basta. Creo que a partir de ahora vamos a tener un mayor equilibrio en el tema del dinero.

Tanto si tienes una generosa cuenta bancaria como si vives al día, el dinero es uno de los cinco principales motivos de disputa entre las parejas. Una investigación con una muestra de 4.574 parejas indicaba que, de todos los problemas sobre los que se pelean las parejas casadas, las disputas de temas relacionados con el dinero eran las que mejor permitían predecir un divorcio. ¿Cuáles eran los otros cuatro temas que más conflicto provocan? El sexo, los suegros, el consumo de alcohol y drogas, y el cuidado de los hijos.

**TODO CAMBIÓ CUANDO EMPEZARON A ANALIZAR LO QUE EL DINERO SIGNIFICABA REALMENTE PARA CADA UNO.**

Salvo que dispongas de un fondo fiduciario ilimitado, el trabajo no puede excluirse de la conversación sobre el dinero. Muchas de las parejas que tuvieron estas ocho citas trabajaban una gran cantidad de horas en sus empleos o pasaban mucho tiempo estudiando. El tiempo, el dinero y el trabajo eran problemas que impregnaban muchas de las conversaciones, especialmente en las citas sobre compromiso, familia, juego y diversión, y sueños.

En la mayoría de las parejas, las discusiones sobre dinero suelen ser de tres categorías distintas: diferentes percepciones de la desigualdad económica, diversas percepciones de lo que significa el bienestar económico y distintas percepciones sobre el carácter de las discusiones acerca del dinero. De las tres, esta última, el carácter de las discusiones, era la que mejor permitía predecir si una pareja acabaría rompiendo. Lo que esto significa es que los conflictos sobre el dinero no tienen por qué ser un tema decisivo de ruptura. Lo más importante es *cómo* habla una pareja de sus discrepancias económicas.

Hay que evitar la dicotomía de identificar al otro con uno de los dos estereotipos más corrientes: el derrochador y el ahorrador.

El derrochador se ve a sí mismo como una persona que usa el dinero para llevar una vida feliz: comodidades, bienestar, generosidad, salud y diversión para toda la familia. Al estereotiparlo como un derrochador, el ahorrador utiliza términos como «frívolo», «imprudente», «impulsivo», «amante de los lujos», «manirroto», «extravagante» o «autoindulgente».

El ahorrador se ve a sí mismo como una persona práctica, conservadora, sabia y estoica. Para el ahorrador, el dinero significa realización, seguridad, éxito, poder, liberación de inquietudes, una inversión a largo plazo y un legado para el futuro. Al estereotipar al ahorrador, el derrochador utiliza términos como «mísero», «frío», «mezquino», «tacaño», «egoísta», «agarrado» y «desconfiado», y lo considera un acaparador que no sabe disfrutar de la vida.

La verdad es que todos somos ahorradores y derrochadores en distintos momentos, y los estereotipos raramente sirven para comprender lo que significa el dinero para nuestra pareja y aprender a gestionar los conflictos de dinero cuando se presentan. Tanto si estás casado como si no, el conflicto que genera el dinero no es sobre cifras, sino acerca de lo que significa el dinero. Este proporciona placer, pero también seguridad. El equilibrio entre ambas cosas puede resultar arduo para cualquier pareja. En último término, el objetivo es hallar un equilibrio entre la libertad y el empoderamiento que da el dinero, y la seguridad y la confianza que también aporta.

Cada miembro de la pareja llega a la relación con su propia historia y su relación con el dinero, y con sus sentimientos asociados a este. Todos tenemos un legado al respecto: una historia que se transmite de generación en generación sobre lo que el dinero ha significado para nuestra familia.

## TRABAJAR DURO PARA GANAR DINERO

El trabajo puede consumir una parte casi tan grande de nuestro tiempo, energía y capacidad de compromiso como nuestra relación de pareja. De hecho, con frecuencia es el «tercero» en una relación. Conversar sobre tu compromiso con el trabajo y con la necesidad de ganar dinero es tan importante como hacerlo sobre lo que significa el compromiso en tu relación o matrimonio. Nuestra relación nos exige tiempo, y nuestro trabajo también. Es un mito que para tener un buen matrimonio debas escoger entre lo uno o lo otro. No es así. El problema se presenta cuando nuestros compromisos con el trabajo y con nuestra pareja entran en conflicto, de manera que encontrar el modo de cumplir ambos compromisos es fundamental para el éxito de nuestra relación.

Obviamente, si uno de los dos trabaja sesenta, ochenta o incluso cien horas a la semana, eso no dejará mucho tiempo o energía que dedicar a la relación. Es una simple cuestión de números. Y como suele decirse, en su lecho de muerte nadie dirá: «Ojalá hubiera pasado más tiempo en la oficina». Si uno de los dos trabaja una cantidad increíble de horas, sufre un exceso de estrés y presión por las exigencias de su carrera profesional, o está dispuesto a sacrificar la relación por ambición o dinero, la situación es insostenible y no puede conducir a un matrimonio feliz. El exceso de horas en el trabajo puede separar a las personas, deja poco tiempo para conectar y genera soledad dentro de la pareja.

John y Julie se van de luna de miel cada año. Es un ritual que han creado para celebrar y honrar su unión: un modo de demostrar que su relación sigue siendo lo bastante importante como para merecer un tiempo propio aparte de la profesión, la familia, los amigos y las obligaciones; es decir, tal como era cuando se casaron. No siempre resulta fácil. Tienen consultorios clínicos con muchos pacientes, investigaciones exigentes y, algunos años, libros que escribir y plazos de entrega que cumplir. A los setenta y un años, John decidió seguir un sueño profesional: escribir un libro para terapeutas que sintetizara la década y media durante la cual ha utilizado ecuaciones matemáticas y las leyes de la física para entender el amor. Era un proyecto ambicioso, cuando menos, y lo disfrutó de principio a fin.

Al haberse criado en un apartamento de un solo dormitorio, en una casa en la que vivían cinco personas, John desarrolló una capacidad asombrosa para concentrarse y aislarse de todo lo que le rodeaba al trabajar. Cuando lo hacía con intensidad, podrías estar en la misma habitación y llamarlo en voz alta, que él no te oiría. Es una capacidad que le permitió sobrevivir en un hogar muy concurrido, luego obtener su doctorado y finalmente pasar horas de intenso estudio sobre los microgestos y las expresiones de las parejas del Laboratorio del Amor. Para ese libro en concreto, John estaba muy motivado, enfrascado en una misión. Y esa misión estaba anulando el resto de su vida, incluida Julie.

Al prepararse para pasar su luna de miel anual, la decimocuarta, John cogió sus ecuaciones matemáticas y sus libros de física, así como montones de artículos de investigación, con gráficos y complejas fórmulas, y lo metió todo en la maleta. Estaba obsesionado. Estaba concentrado. Aquel era su trabajo y constituía una prioridad para él. Ya llevaba todo el año trabajando intensamente en ese libro.

Durante los primeros cinco días del viaje, trabajó dieciséis horas diarias. Estaba en una nube matemática. A la quinta noche, fueron a su restaurante italiano favorito, con luces atenuadas y un pianista canturreando en un rincón. John miró la carta y le preguntó a Julie qué quería tomar. Ella pretendía decir los *fettuccini* Alfredo, pero en lugar de eso se echó a llorar. John se quedó estupefacto. ¿Por qué lloraba? Y fue entonces cuando Julie dio salida a toda su desdicha del último año, incluidos los cinco últimos días. Se suponía que la luna de miel era un momento especial para reconectar y celebrar su amor, y John la había ignorado todo el rato. Su motivación para convertir sus investigaciones en un libro lo había absorbido todo, la luna de miel incluida.

Las lágrimas de Julie arrancaron a John de su intensa y monográfica concentración. Sí, él amaba su trabajo, y quería ampliar su carrera con aquel libro para otros terapeutas, pero en ese momento se dio cuenta de que debía encontrar el equilibrio entre ese proyecto y su amor a Julie.

El hecho de que John trabajara dieciséis horas diarias en su libro durante la luna de miel anual entraba en conflicto con el compromiso que él y Julie habían adoptado de pasar esos días conectando el uno con el otro. Aunque fuese un experto en el tema del matrimonio, hicieron falta las lágrimas de Julie para que John se diera cuenta de lo desequilibradas que habían llegado a estar sus prioridades. El libro era un sueño profesional suyo, pero en ese momento tuvo que reconocer que sus largas horas de investigación y escritura, aunque fueran beneficiosas para él, no lo eran para su relación.

En ese momento en concreto.

Julie no estaba pidiéndole que dejara definitivamente algo que era importante para él; no estaba diciéndole que escogiera entre el libro y ella; solo estaba pidiendo que lo dejase de lado durante la semana de su luna de miel.

**AUNQUE FUESE UN EXPERTO EN EL TEMA DEL MATRIMONIO, HICIERON FALTA LAS LÁGRIMAS DE JULIE PARA QUE JOHN SE DIERA CUENTA DE LO DESEQUILIBRADAS QUE HABÍAN LLEGADO A ESTAR SUS PRIORIDADES.**

Si tú o tu pareja estáis abriendo una empresa, por ejemplo, eso requerirá tiempo, compromiso y muchas horas de dedicación, pero si sois transparentes con el compromiso que estáis asumiendo con vuestro trabajo y vuestro futuro financiero, y lo habláis y llegáis a un acuerdo por anticipado, no tiene por qué ser un motivo de ruptura. Y esos largos horarios no van a durar para siempre. Obviamente, a menos que seamos ricos y gocemos de independencia económica, todos tenemos que trabajar para sobrevivir. Las facturas hay que pagarlas. La comida, la ropa y la vivienda constituyen necesidades ineludibles. Sí, el trabajo significa dinero, pero también puede implicar realización personal, éxito profesional; incluso puede darle un objetivo, un sentido y una pasión a la vida. Y estas cosas también importan.

## COMPARTIR LAS TAREAS

En los años cincuenta, esta conversación sobre el trabajo y el dinero no era corriente. El hombre era el sostén de la familia, el miembro de la pareja que se ponía el abrigo y el sombrero y se iba cada mañana a la oficina. Los trabajos se conservaban toda la vida: era el mismo empleo desde la contratación hasta la jubilación. Él traía el dinero. Tenía el poder. La mujer se quedaba en casa y se ocupaba de las tareas domésticas, de los niños, de la cocina y la limpieza. Los medios se empeñaban en presentar a la esposa recibiendo a su marido en la puerta al final de la jornada, con un aspecto encantador y un cóctel en la mano para ese hombre que trabajaba tan duramente.

Ya no estamos en los años cincuenta.

Todo ha cambiado, y estos papeles tradicionales han ido modificándose desde hace décadas. Las mujeres trabajan y crían a sus hijos; los hombres trabajan y crían a sus hijos. Ahora es más común que los padres se queden en casa con los niños; y a veces las madres también siguen haciéndolo. Todavía es más común que ambos cónyuges trabajen. En condiciones ideales, las tareas domésticas se comparten. La crianza se comparte. El dinero y el poder se comparten.

Incluso los recuerdos entrañables de los años cincuenta tienen sus puntos débiles, como señalaba Stephanie Coontz en su libro *The Way We Never Were*. En aquel entonces, las mujeres casadas solían estar deprimidas y angustiadas; se sentían frustradas, pero sin sentir que tenían derecho a sus propios sueños; carecían de libertad económica, estaban dominadas por sus maridos y debían medicarse para controlar su rabia y su tristeza. Las mujeres y los hombres que no estaban casados, que eran homosexuales o formaban relaciones alternativas solían dejarse fuera de la historia oficial.

Hoy en día, las mujeres de entre veinticinco y treinta y dos años empiezan su carrera profesional con una formación superior a los hombres de la misma edad. El 38 por ciento de las mujeres que se incorporan al mundo laboral tienen al menos un título universitario de cuatro años, frente al 31 por ciento de los hombres del mismo rango de edad. De hecho, en Estados Unidos, en 2015, las mujeres constituían más de la mitad (el 51 por ciento) de la población activa técnica y profesional. Y según el centro de investigaciones Pew Research, el porcentaje de mujeres que considera «una de las cosas más importantes de su vida» tener un trabajo altamente remunerado es superior al porcentaje de hombres del mismo grupo de edad. El 66 por ciento de las mujeres sitúa una carrera profesional en lo alto de su lista de prioridades, frente a un 59 por ciento de los hombres. El mismo estudio revela también que tanto los hombres como las mujeres consideran más importante tener un matrimonio exitoso que una carrera del mismo tipo. Al parecer, el amor prevalece frente al trabajo, más allá de la década en la que vivamos. La buena noticia es que la gente no tiene que escoger entre el trabajo y una relación. De hecho, la investigación muestra que, si eres feliz en tu matrimonio, tienes más posibilidades de serlo en tu trabajo. Lo contrario también es cierto: la satisfacción profesional puede predecir la satisfacción conyugal, aunque los investigadores observaron que esta conexión era menos sólida.

Hay un tipo de trabajo que previsiblemente provoca conflicto en las parejas: el trabajo no remunerado. Las parejas discuten más sobre la división del trabajo del hogar —los platos, la limpieza, la colada— que sobre sus empleos no domésticos o remunerados. De hecho, otro estudio del Pew Research de 2007 mostraba que, después de la fidelidad y de una buena vida sexual, compartir las tareas domésticas era el factor más importante de un matrimonio exitoso. Los ingresos adecuados, la vivienda adecuada, las creencias religiosas comunes, los intereses comunes y los hijos figuraban por debajo del reparto equitativo de las tareas domésticas.

**HAY UN TIPO DE TRABAJO QUE PREVISIBLEMENTE PROVOCA CONFLICTO EN LAS PAREJAS.**

El coste de contratar a alguien que se ocupe de mantener la casa, sobre todo si tienes hijos, asciende aproximadamente a noventa mil dólares al año. Eso es lo que un ama de casa «tradicional» cobraría hoy en día por limpiar, ejercer de asesora de compras y asesora personal, encargarse de los recados y cuidar de los niños. Es un montón de dinero, y muchísimo trabajo. O pagas a alguien para hacer todo eso, o bien un miembro de la pareja debe ocuparse de esos trabajos. Según datos de Time Use desde 1965 hasta 2011, la cantidad de tiempo que los hombres y las mujeres dedican al trabajo remunerado, al no remunerado y al cuidado de los niños (en su caso) es aproximadamente la misma; un promedio de cincuenta y nueve horas a la semana en los hombres y de cincuenta y ocho horas a la semana en las mujeres. En 1965, los hombres dedicaban un promedio de seis horas y media a la semana a trabajos no remunerados como las tareas domésticas y el cuidado de los niños. En 2011, los hombres dedicaban un promedio de diecisiete horas a la semana al trabajo no remunerado. En contraste, las mujeres solían dedicar un promedio de treinta y dos horas a la semana solo en las tareas domésticas, y esa cifra (al compartir los hombres estas tareas) había descendido a dieciocho horas a la semana en 2011. Los roles de los hombres y las mujeres en lo referente al trabajo están convergiendo, y en el siglo XXI no hay un modo correcto o erróneo de dividir el trabajo: lo correcto es lo que funcione para vosotros dos. En la era del matrimonio colaborativo, en la que formáis parte de un equipo, deberéis decidir juntos lo que funciona para vuestra relación y vuestra vida. Y tenéis que saber que eso cambiará cuando lleguen los hijos, y también cuando cambiéis de empleo y mientras trabajéis juntos para apoyar los sueños el uno del otro. El trabajo es mucho más que ganarse un salario, y vuestra visión de lo que significan el trabajo y el dinero evolucionará a lo largo de vuestra vida.

## EL TIEMPO ES DINERO

El trabajo y el dinero significarán cosas diferentes en distintos momentos de tu vida, y encontrar el equilibrio adecuado puede resultar difícil. Siempre habrá costes y beneficios para la relación, en función de las decisiones laborales que tome cada cual. Si entras en una relación a largo plazo o en un matrimonio pensando que tú y tu pareja saldréis todos los días del trabajo a las cinco de la tarde, dispuestos para dar una vuelta, o preparar la cena, o ir al gimnasio, o hacer una clase juntos, o mantener una conversación profunda..., te estás abocando a una decepción. A veces las exigencias del trabajo te producirán la sensación de que te han arrebatado tu tiempo libre y tu relación, y debes asegurarte de que esta es lo bastante sólida como para afrontar esas épocas.

Mientras Rachel hacía la residencia médica, Doug y ella podían pasar muy poco tiempo juntos. Los horarios eran largos y brutales; Rachel iba siempre con falta de sueño, y parecía como si no pudieran verse nunca salvo en la noche de su cita semanal. Doug apoyaba el sueño de su novia de convertirse en médica, pero no poder conectar y estar juntos había abierto una brecha entre ambos. Los dos se sentían insatisfechos y empezaron a discutir más durante sus breves encuentros. Seguían manteniendo una noche de cita, pero incluso entonces ambos se sentían frustrados y solos.

—Me acuerdo de una cita en particular, porque ni siquiera llegamos a salir del aparcamiento del bloque de apartamentos donde vivíamos —recuerda Rachel—. Nos quedamos sentados en el coche, el uno junto al otro, y yo me sentía exhausta, entumecida y, en cierto modo, perdida. Estaba trabajando muy duro, *por nosotros*, pero, en mitad de aquella residencia agotadora, habíamos perdido de algún modo ese «nosotros». Lo único que quedaba era el trabajo, y me volví hacia Doug y le dije: «Temo que no vayamos a conseguirlo». Me parece que los dos nos quedamos consternados cuando dije estas palabras en voz alta.

Fue este momento de vulnerabilidad y sinceridad lo que les permitió a los dos deshacerse de la frustración. Permanecieron en el coche y lloraron ante la posibilidad de no tenerse el uno al otro y de perder todo lo que habían vivido juntos. Era desoladora, y allí, en el aparcamiento del edificio, Rachel tuvo una epifanía:

—Comprendí que mi matrimonio era lo más importante para mí, y que, si era necesario, dejaría la medicina y trabajaría en otra cosa.

Rachel tuvo claras sus prioridades en mitad de la crisis. En lugar de abandonar la medicina, acabó diciéndole a su supervisor que necesitaba un mes libre porque estar de guardia todos los días veinticuatro horas estaba destruyendo su matrimonio. Durante aquel mes, Doug y ella hicieron una lista de cuáles serían las prioridades en su vida y en su matrimonio. El primer punto de la lista era su salud y su bienestar espiritual. A continuación, venía su matrimonio. Luego la familia y, finalmente, el trabajo y el dinero. Estas dos cosas eran importantes, pero

Rachel y Doug se dieron cuenta de que, para ellos, ocupaban el último lugar de la lista. Cada pareja debería llegar a un acuerdo sobre sus prioridades, pero cada caso es único. Tú y tu pareja deberíais hablar de vuestras prioridades y de lo que valoráis por encima de todo.

## ADMINISTRAR EL TIEMPO

La queja de que un miembro de la pareja trabaja demasiado es muy común. Los buenos matrimonios exigen que cada uno dedique su tiempo y su energía al otro. Tanto si eres el que trabaja demasiado como si eres el que se queja del exceso de trabajo, resulta de gran ayuda mantener una conversación para analizar ambos puntos de vista. Con frecuencia, nuestra identidad, o nuestro propósito en la vida, o nuestra propia valoración, pueden estar atados a nuestra actividad profesional, y ello nos impulsa a trabajar muchas horas. Pero los horarios excesivos continuados tienen un precio y, como Doug y Rachel, ambos podéis empezar a sentiros desconectados emocionalmente, lo cual pone en peligro la relación. Si vuestro tiempo juntos se ve amenazado por culpa del horario laboral de uno de los dos, haceos las siguientes preguntas:

A aquel que trabaja muchas horas:

- ¿Qué significa tu trabajo para ti?
- ¿Qué placer o satisfacción te da el trabajo?
- ¿Qué necesidad satisface el trabajo en tu vida?
- ¿Cómo pasarías el tiempo si el dinero no fuera un problema y no tuvieras que trabajar?

A aquel que se siente frustrado por los horarios del otro:

- » ¿Qué significa para ti la ausencia de tu pareja?
- » ¿Qué echas de menos de tu pareja cuando está ausente tanto tiempo?
- » ¿Qué desearías en lo relativo a conexión emocional, física, intelectual o espiritual con tu pareja?

Siempre que la cantidad de horas de trabajo se convierta en un problema en vuestra relación, estas preguntas guiadas os ayudarán a comprender, en lugar de entrar en conflicto. El modo en que decidimos pasar nuestro tiempo afecta a nuestra relación. Pensad detenidamente cómo es vuestra jornada promedio. Haced un gráfico circular que refleje la división de las horas de un día normal. ¿Cuánto tiempo pasáis separados trabajando (trabajo remunerado fuera de casa) y cuántas horas trabajando juntos (trabajo no remunerado en casa)? ¿Cuántas horas pasáis conectando con la relación? ¿Cuántas con la familia (en su caso)? ¿Cuántas en solitario? Ahora haced un segundo gráfico circular y anotad el *tiempo ideal* para cada una de las áreas. Si, por ejemplo, os gustaría pasar tres horas al día conectando, y dos horas en solitario, y la realidad es que dedicáis una hora a cada cosa, ya sabéis en qué áreas debéis trabajar y cuáles son vuestras prioridades. Si establecéis vuestras prioridades sobre vuestro tiempo juntos al principio de la relación, esa valoración común de vuestro tiempo puede constituir una referencia. Tenéis un objetivo que habéis establecido juntos, así como un indicador para comprobar cuándo el equilibrio se ha desviado de un modo que no se corresponde con lo que habéis decidido que es importante para vuestra relación.

## EL VERDADERO VALOR DEL DINERO

Nuestra historia personal con el dinero puede afectar a nuestra relación de formas sorprendentes. Es importante analizar cuál es tu legado familiar respecto al dinero, la generosidad, el poder y la riqueza. ¿Qué historia emocional y qué ideas tienes sobre el hecho de ser pobre, sobre el hecho de ser dependiente o independiente, fuerte o débil, acerca de la filantropía, la responsabilidad cívica, el lujo y el orgullo del éxito? Cuando dos personas con dos historias diferentes sobre el dinero unen sus vidas, deben afrontar el reto de fundir esas dos historias... o lidiar con las consecuencias de no haberlas abordado.

El primer paso es comprender tu propia historia.

El segundo, comprender la historia de tu pareja.

*Ejercicio*

## MI HISTORIA FAMILIAR CON EL DINERO

Completad el siguiente cuestionario por separado antes de vuestra cita. Luego comentad vuestras respuestas.

### LEE CADA PREGUNTA Y RESPONDE CON SINCERIDAD

- ¿Cómo se ganaban la vida tus abuelos maternos y paternos?
- ¿En qué medida tenían tus abuelos una vida acomodada?
- ¿Cómo se ganaban la vida tus padres?
- ¿En qué medida tenían tus padres una vida acomodada?
- ¿Qué actitudes adoptaban tus padres sobre el dinero? ¿Cómo veías, de niño, esas ideas de tus padres?
- ¿Tus padres se sentían a gusto gastando dinero? ¿Cómo veías, de niño, esas actitudes sobre el dinero?
- ¿Tus padres ahorraban o invertían? ¿Cómo veías, de niño, estas actitudes sobre el dinero?
- ¿Ibais de vacaciones en familia o hacíais viajes juntos mientras crecías? ¿Cómo veías, de niño, esas vacaciones? ¿Se hablaba de dinero?
- ¿Tus padres tenían invitados? ¿Cómo veías eso, de niño?
- ¿Tu familia hacía actividades filantrópicas o caritativas?
- ¿Tenías paga, de niño? ¿Cómo veías eso entonces?
- ¿Cuál es tu propia historia laboral?
- ¿Qué significa el dinero para ti personalmente, y por qué?
- ¿Tus padres celebraban tus cumpleaños? ¿Tú te sentías especial?
- ¿Tenías un pastel de cumpleaños? ¿Eso era importante para ti?

- ¿Cómo te demostraban tus padres que estaban orgullosos de ti? ¿O no lo demostraban?
- ¿Te hacían regalos en las vacaciones? ¿Eso era importante para ti?
- ¿Qué te enseñaron tus padres sobre el dinero? ¿Qué piensas ahora de esas enseñanzas?
- ¿Qué te enseñó la historia de tu familia sobre el dinero? ¿Cuál es tu actitud ahora?
- ¿Cuáles eran los valores de tu familia sobre el dinero? ¿En qué estás de acuerdo y en qué no lo estás?
- ¿Cuál es tu recuerdo más doloroso sobre el dinero? Cuéntale esa historia a tu pareja.
- ¿Cuál es tu mejor o más feliz recuerdo sobre el dinero? Cuéntale esa historia a tu pareja.

## ¿CUÁNTO ES SUFICIENTE?

La escritura sagrada judía, el Talmud, dice que una persona rica es aquella que tiene lo suficiente. Pero «suficiente» dinero es una expresión relativa. Tanto si debes andar escatimando para salir adelante como si tienes tanto dinero que no te da tiempo a gastarlo, el dinero puede constituir una fuente importante de conflicto en las parejas. Así pues, ¿cuánto es suficiente dinero? Obviamente, las parejas tienen problemas de dinero cuando viven por encima de sus posibilidades, cuando al iniciar la relación uno de los dos está considerablemente endeudado, cuando mantienen secretos de carácter financiero entre sí, o cuando no trabajan en equipo para cumplir sus objetivos económicos. Todo el mundo tiene objetivos a corto plazo: pagar el alquiler o la hipoteca, hacerse cargo de las facturas de la casa. Muchas parejas tienen también objetivos a largo plazo. Hacer juntos un presupuesto es una excelente manera de diseñar un plan para atender las obligaciones y las metas financieras tanto del día a día como a largo plazo. Cada uno de vosotros es una mitad del equipo financiero, pero cada uno puede tener un punto de vista distinto, como Trevor y Adam, sobre cuánto dinero es suficiente. Esto es así porque el dinero tiene diferentes significados simbólicos.

En nuestra investigación con parejas heterosexuales, hemos descubierto que puede haber profundas diferencias entre los hombres y las mujeres en lo referente al dinero. Por lo general, las mujeres no ahorran, y más del 58 por ciento de las nacidas entre 1946 y 1964 (la generación de posguerra) han ahorrado menos de diez mil dólares en cuentas de jubilación. Se calcula que entre un tercio y dos tercios de las mujeres que ahora tienen entre veinticinco y cincuenta y cinco se verán empobrecidas a los setenta años. Es un dato estadístico asombroso. Y para muchas mujeres tener dinero «suficiente» puede significar cosas muy distintas. A menudo, «suficiente» dinero equivale para las mujeres a amor, respeto y seguridad. También puede equivaler a aceptación, atractivo y fortaleza.

**EL DINERO TIENE DIFERENTES SIGNIFICADOS SIMBÓLICOS.**

Para los hombres, por lo general, hay una interrelación entre dinero y poder. (Esto también puede ser cierto para las mujeres, pero es más común entre los hombres, según nuestra investigación). Cuando se les pregunta, los hombres equiparan el dinero con ser competentes, responsables, el sostén de la familia. «Suficiente» dinero equivale con frecuencia a fortaleza, independencia, madurez, competencia, poder social y éxito. La conclusión es que el dinero tiene un significado, más allá de los gastos y los presupuestos y la cuenta de ahorros y gastos. El objetivo es descubrir lo que significa para ti y comprender lo que es para tu pareja.

*Ejercicio*

## QUÉ SIGNIFICA SUFICIENTE DINERO PARA MÍ

Tanto tú como tu pareja deberíais completar el siguiente cuestionario por separado. Luego tendréis que comentar vuestras respuestas.

Lee cada enunciado y rodea con un círculo la opción que encaje con tu punto de vista, según el código siguiente:

**5** = Totalmente de acuerdo; **4** = De acuerdo; **3** = Ni de acuerdo ni en desacuerdo; **2** = En desacuerdo; **1** = Totalmente en desacuerdo

Para mí, tener suficiente dinero significa tener poder.

**5 4 3 2 1**

Para mí, tener suficiente dinero significa ser independiente.

**5 4 3 2 1**

Para mí, tener suficiente dinero significa ser fuerte.

**5 4 3 2 1**

Para mí, suficiente dinero significa no tener que recurrir a nadie.

**5 4 3 2 1**

Para mí, suficiente dinero significa ser responsable.

**5 4 3 2 1**

Para mí, suficiente dinero significa poder relajarse y no preocuparse.

**5 4 3 2 1**

Para mí, suficiente dinero significa poder disponer de tiempo para hacer lo que me gusta.

**5 4 3 2 1**

Para mí, suficiente dinero significa poder permitirme ciertos lujos.

**5 4 3 2 1**

Para mí, suficiente dinero significa poder ser creativo.

5 4 3 2 1

Para mí, suficiente dinero significa poder ayudar a otras personas.

5 4 3 2 1

Para mí, tener suficiente dinero implica amor, cuidado y afecto.

5 4 3 2 1

Para mí, tener suficiente dinero implica seguridad y estabilidad.

5 4 3 2 1

Para mí, tener suficiente dinero significa sentirse competente.

5 4 3 2 1

Para mí, tener suficiente dinero significa mantener el control.

5 4 3 2 1

Para mí, tener suficiente dinero supone ganar en autoestima.

5 4 3 2 1

Para mí, tener suficiente dinero significa ser aceptable ante los demás y ante mí mismo.

5 4 3 2 1

Para mí, tener suficiente dinero supone una recompensa por un montón de esfuerzo.

5 4 3 2 1

Para mí, tener suficiente dinero significa ser una persona adulta de éxito.

5 4 3 2 1

Para mí, tener suficiente dinero implica evitar el estrés.

5 4 3 2 1

Para mí, tener suficiente dinero significa poder darse gustos merecidamente.

5 4 3 2 1

Para mí, tener suficiente dinero implica sentirse respetado.

**5 4 3 2 1**

Para mí, tener suficiente dinero significa asumir responsabilidades como un adulto.

**5 4 3 2 1**

Para mí, tener suficiente dinero ha supuesto grandes oportunidades sexuales.

**5 4 3 2 1**

Para mí, tener suficiente dinero implica mayor libertad.

**5 4 3 2 1**

Para mí, tener suficiente dinero implica poder disfrutar de la camaradería.

**5 4 3 2 1**

Para mí, tener suficiente dinero significa sentirse rico y a gusto.

**5 4 3 2 1**

Para mí, tener suficiente dinero supone llenar un vacío en mi vida.

**5 4 3 2 1**

Para mí, tener suficiente dinero significa poder ser feliz.

**5 4 3 2 1**

Los conflictos en este aspecto se gestionan mucho mejor cuando entendéis en qué sentido vuestras historias respecto al dinero son iguales y en qué sentido son diferentes. ¿Qué significa para cada uno «tener suficiente»? Con este cuestionario, podéis indagar a fondo y comprender qué significa el dinero para vuestra pareja. Pensad cómo contribuye cada uno a aumentar la riqueza de vuestra relación, ya sea en tiempo, en trabajo doméstico o en sentido financiero. Nunca es demasiado pronto para entender la relación y la historia de vuestra pareja con el dinero, y tampoco jamás es demasiado tarde. Para alcanzar una vida llena de amor y con menos conflictos, expresad gratitud por lo que tenéis, por lo que aporta cada uno a la relación y por lo que estáis construyendo juntos. La diferencia de significados genera relaciones diferentes con el dinero. Hay formas de conseguir que vuestras actitudes al respecto sean compatibles. Vale la pena tomarse la molestia de analizarlo ahora para evitar desacuerdos sobre cómo gastáis y ahorráis el dinero ganado con tanto esfuerzo.

*Cita rápida*

## RESUMEN DEL CAPÍTULO

- »» El dinero es uno de los cinco principales problemas que provocan conflicto en las parejas.
- »» Estereotipar a un miembro de la pareja como el ahorrador y al otro como el derrochador no resulta beneficioso. Cada uno de vosotros tiene una historia familiar y unos valores que le inculcaron. Vuestra misión es entenderos, no definiros, ni tampoco tener los mismos valores.
- »» El trabajo es el otro gran compromiso de vuestra vida, aparte del matrimonio y la familia.
- »» El trabajo y el afán de ganar dinero puede convertirse en el «tercero» de una relación, exigiendo vuestro tiempo y energía. Encontrar el equilibrio entre la relación y el trabajo es fundamental para el éxito de vuestro matrimonio.
- »» Los problemas de dinero no son sobre cifras, sino acerca de lo que significa el dinero para cada miembro de la pareja.
- »» Las parejas declaran que compartir las tareas del hogar es el elemento más importante de un matrimonio exitoso, después de la fidelidad y de una buena vida sexual.
- »» Que uno de los dos esté estresado y bajo una enorme presión en el trabajo, y le dedique una gran cantidad de horas, puede generar soledad y una falta de conexión emocional en la relación. Es algo que separa a las personas.
- »» Descubrir lo que significa el dinero para cada uno contribuirá en gran medida a resolver los conflictos que puedan surgir en este terreno.
- »» Cultivad la gratitud por lo que tenéis y por lo que cada uno aporta a la relación.

# La cita: TRABAJO Y DINERO

## TEMA DE CONVERSACIÓN

» ¿Cómo aportamos valor cada uno a la relación? ¿Cuál es nuestra historia con el trabajo y el dinero, y qué significa para cada uno tener suficiente dinero?

## PREPARACIÓN

» Lee este capítulo y, antes de la cita, piensa en tres cosas que valores de la contribución remunerada o no remunerada de tu pareja a la riqueza de la relación o la familia. Os transmitiréis estas tres cosas al principio de la cita. Completa los cuestionarios «Mi historia familiar con el dinero» y «Qué significa suficiente dinero para mí». Prepárate para analizarlos.

## LUGAR

» Esta cita debería costar lo menos posible o nada. Si vuestros ingresos han aumentado durante el tiempo que habéis estado juntos, haced algo parecido a lo que hacíais cuando disponíais de menos dinero. Si decidís ir a un restaurante, que sea uno que os guste, pero en el que os sintáis cómodos para poder pedir cualquier plato de la carta.

## SUGERENCIAS

» Considerad la posibilidad de ir a un hotel de cinco estrellas y mantener la conversación sentados en el vestíbulo. Deberíais ir a cualquier sitio donde os sintáis cómodos, adinerados y ricos en cierto sentido, según como defináis estos términos. Sed creativos. También podéis preparar un pícnic y celebrar la cita en un parque con una manta.

CITA EN CASA: analizad las preguntas mientras almorzáis en casa con comida para llevar de vuestro restaurante favorito. Vestíos con esmero. Utilizad una vajilla de porcelana. Daos un capricho con lujos caseros.

## REQUISITOS

» Debéis llevar las respuestas a los dos ejercicios de este capítulo para poder compararlas y analizarlas. Estáis preparados para explicaros vuestras historias en el terreno económico y vuestros valores individuales en torno a lo que significan el trabajo y el dinero.

## SOLUCIÓN DE PROBLEMAS

- » Recordad que esta conversación no consiste en hablar de presupuestos, gastos o cualquier cosa relacionada con cifras. Consiste en comprender lo que significa el dinero para cada uno de vosotros y en comprometerse a hablar del dinero y el trabajo con sinceridad.
- » Evitad juzgar los valores de vuestra pareja sobre el dinero: no hay una forma correcta o incorrecta de concebir o manejar el dinero.
- » No minimicéis nunca el estrés del trabajo de vuestra pareja.
- » A la hora de abordar el trabajo doméstico, sed sinceros sobre lo que hacéis y no hacéis, y no comparéis ni midáis vuestra aportación con la de vuestra pareja.
- » Permitíos soñar sobre el dinero.
- » Centraos en todo lo que tenéis, no en lo que no tenéis; no os centréis en errores financieros pasados.
- » Cuando vuestra pareja os explica sus sueños sobre el dinero, no discutáis con ella ni desechéis sus sueños. Igual que con todos los demás sueños que nuestra pareja nos explica, debemos escuchar y afirmar, y hacer preguntas cuando no entendemos.

## PREGUNTAS ABIERTAS PARA VUESTRA CONVERSACIÓN

- Di las tres cosas que valoras de la contribución de tu pareja a la riqueza de la relación (trabajo remunerado y no remunerado).
- Analiza vuestras respuestas a los dos cuestionarios.
- Analiza las cosas que tenéis por las que te sientes agradecido.
- ¿Cómo te sientes en cuanto al trabajo ahora mismo?
- ¿Cómo imaginas que puede cambiar en el futuro?
- ¿Cuál es tu mayor temor respecto al dinero?
- ¿Qué necesitas para poder hablar cómodamente sobre cómo ganas y cómo gastas el dinero?
- En una escala del 1 al 10 (1 = nunca, 10 = siempre), ¿con qué frecuencia piensas en el dinero? ¿Cómo puedo ayudarte a que te sientas seguro cuando estás preocupado por el dinero?
- ¿Cuáles son tus esperanzas y tus sueños sobre el dinero?

## REAFIRMAR NUESTRO FUTURO JUNTOS

Leeos el uno al otro esta declaración. Miraos a los ojos mientras lo hacéis.

›» «‹

Me comprometo a respetar tus valores sobre el dinero y el trabajo, y a esforzarnos juntos hacia un objetivo económico acordado entre los dos.

# Notas

CITA

»» 5 ««

# Espacio para crecer

FAMILIA

Resulta difícil hablar de vida en familia cuando realmente no tienes ni idea de cómo va a ser. Todo el mundo sabe que la familia es lo más importante, pero tanto si se trata solo de ti y de tu pareja, o de tu círculo de amigos, como si tienes hijos, es difícil definirlo.

—Yo quiero un hijo —dice Jamal—, pero solo uno. El mundo ya está superpoblado, y no sé cuál es mi ideal de familia, aparte de que sea lo contrario de aquella en la que me crie.

Jamal y Luciana están prometidos y piensan casarse el año que viene. Ambos se criaron en familias numerosas y quieren tener hijos, pero discrepan sobre el número ideal:

—Uno es demasiado solitario —replica Luciana—, y dos, demasiado normalito y trillado. Yo creo que tres es perfecto; es una gran familia sin ser demasiado grande.

Jamal tiene una firme opinión sobre la idea de tener un solo hijo.

—En mi familia, nunca había la suficiente atención para todos. Con cinco hijos, mis padres siempre estaban en modo crisis. Nos querían, pero creo que con tantos niños su labor como padres se reducía a la logística y la supervivencia básica. Pasábamos tiempo juntos (en gran parte porque nunca había suficiente dinero para que ninguno hiciera algo fuera de casa), pero no era lo que yo llamaría un tiempo de calidad. Mis padres trabajaban los dos, y creo que mi madre hacía incluso más horas que mi padre. Siempre estaban agotados. La verdad es que no sé por qué tuvieron tantos hijos.

Luciana creció con tres hermanos, y su madre no trabajaba fuera de casa.

—En ese sentido, era bastante tradicional. Estaba casi demasiado volcada en nuestra vida escolar y social, pero le encantaba ser madre. Siempre cenábamos juntos, y teníamos en la cocina un gran calendario con el que seguía todas nuestras actividades y horarios deportivos. Te juro que podría haber sido directora general: así de buena era manejando al personal. Nunca parecía estresada, o como si se estuviera perdiendo algo en su propia vida. Incluso ahora que ya vivimos todos fuera de casa, está siempre haciendo voluntariado y dando clases en el YMCA. Le encantan los niños. Creo que habría tenido diez hijos si mi padre hubiera estado dispuesto. Pero ellos siempre procuraron fomentar nuestra independencia. Desde que empezamos a dar los primeros pasos, nos prepararon para valernos por nosotros mismos. Tenía amigas en la facultad que ni siquiera sabían lavar la ropa o freír un huevo. Era demencial. Yo quiero seguir mi carrera profesional, pero creo que es posible dedicarles a tus hijos un montón de tiempo y atención, y hacer el trabajo que te gusta. Solo necesitas uno de esos calendarios gigantes.

**LA FAMILIA PUEDE DEFINIRSE BAJO CUALQUIER CIRCUNSTANCIA Y CON CUALQUIER SER QUERIDO QUE FORME PARTE DE VUESTRO HOGAR.**

Para Jamal y Luciana, estar de acuerdo en querer tener hijos es un tema decisivo capaz de romper una relación.

—Yo no podría estar con alguien que no quisiera tener hijos —dice Luciana—, pero acepto que no estemos de acuerdo en el número. Ninguno de los dos tiene ni idea de cuáles serán las exigencias reales en nuestras vidas (sabemos que puede haber cambios drásticos y trastornos que ni siquiera podemos predecir), así que, aunque yo pienso ahora que mi ideal son tres, podría muy bien cambiar de opinión cuando se imponga la realidad.

Ambos coinciden, sin embargo, en las cualidades y valores que les gustaría inculcar a sus hijos.

—Quiero que nuestro hijo sea una persona que trabaje duro —dice Jamal—. Quiero que sea bueno y generoso, no un glotón o un mimado.

Luciana quiere que tengan grandes metas en sus estudios.

—Con doctorados, e incluso más. Quiero criarlos de manera que valoren la formación y el aprendizaje.

El rostro de Jamal deja entrever sus dudas.

—Eso representará un montón de dinero, si tenemos tres. A menos que consigamos que dos no valoren la formación. ¿Puedes hacer algo así como padre? ¡Toda esa formación es otro motivo para tener uno solo!

Luciana se ríe.

—Quiero que tengan tu sentido del humor. Y que sean sociables como tú. Tú tienes un gran don de gentes. Quiero que se sientan cómodos con distintos tipos de personas. Yo soy muy tímida y algo introvertida. Tú tienes una gran capacidad para incluir a todo el mundo, y quiero que sean así.

Jamal quiere que tengan la actitud positiva de Luciana.

—Ella nunca se da por vencida. Es muy persistente cuando se trata de conseguir lo que desea. Es una cualidad que me gustaría que tuviera nuestro hijo, o nuestros hijos, porque ella seguramente no se dará por vencida hasta que tengamos tres.

La capacidad de Jamal y de Luciana para transigir y echarle humor mientras discuten sobre cuántos hijos podrían tener es un buen indicio de que, probablemente, la cuestión no será una gran fuente de conflicto entre ellos. Son abiertos y flexibles, y entienden bien el punto de vista del otro. Nosotros queremos que abordéis el tema de la familia con el mismo humor y flexibilidad. Tener familia puede significar cosas diferentes en función de las personas. Y la concepción exclusiva según la cual una familia está formada por un marido y una esposa de ideas afines, con dos hijos y una cerca blanca de madera en el jardín, es tan anticuada como los mensáfonos, los videocasetes y las llamadas a la operadora para pedir información. Hoy en día, la familia es diversa desde el punto de vista étnico, político, sexual y religioso. Las familias pueden incluir hijos biológicos, hijastros, niños adoptados o en acogida, ningún niño, o el mejor amigo de tu marido, que aún se comporta como un niño. Hoy en día, también hay más familias con padres del mismo sexo o trans. La familia podéis formarla tú y tu pareja, o puede incluir a vuestra familia extensa, vuestra mascota y vuestros amigos íntimos. La familia puede definirse bajo cualquier circunstancia y con cualquier ser querido que forme parte de vuestro hogar.

Cómo defináis lo que es una familia ahora o en el futuro depende de ti y de tu pareja. Lo más importante es que habléis de lo que significa una familia y de cómo ambos queréis que sea la vuestra. Y si los niños entran en vuestros planes, lo mejor es adentrarse en ese futuro habiendo comprendido y analizado cómo el amor que compartís —vuestra relación principal— va a expandirse y a incluir el amor que sentís por otros. Hablar de esto ahora os ahorrará muchos pesares más adelante.

Como hemos mencionado antes, el hecho de que uno de vosotros quiera hijos y el otro no puede constituir un motivo de ruptura. Si os casáis pensando que con el tiempo podréis lograr que vuestra pareja cambie de opinión en este tema, os estáis abocando al desastre. Es importante hablar de si queréis hijos o no, así como lo es charlar acerca de cuántos hijos os imagináis cada uno en vuestro ideal de familia. Si uno piensa que una familia consiste en un solo hijo, y el otro imagina literas triples en cada habitación para dar cabida a una colección de vástagos capaz de formar un equipo de béisbol, la cosa va a ser un problema en caso de que nunca lo hayáis hablado.

Nosotros hemos sido bendecidos con hijos, y ellos son los amores de nuestra vida. Pero también conllevan un montón de trabajo. Y gastar un montón de dinero. Las estadísticas muestran que la crianza hasta los diecisiete años de un niño nacido en Estados Unidos en 2015 cuesta un promedio de 233.610 dólares. Eso si formáis una familia de renta media, es decir, con unos ingresos de entre 60.000 y 100.000 dólares al año. Si entre los dos ganáis más de 105.000 dólares, entonces el coste promedio de criar un hijo hasta los diecisiete años asciende hasta la asombrosa cifra de 407.820 dólares. Ahora multiplicad esta cantidad por el número de hijos que queréis tener. Y eso sin contar los costes universitarios. Algunos países están mejor organizados para proporcionar a los jóvenes una formación universitaria sin que el estudiante o su familia queden endeudados, pero en Estados Unidos el coste de un título en una universidad privada, incluida la matrícula, el alojamiento, la comida y los libros, puede ascender a 80.000 dólares al año. Eso representa, por cada hijo, 320.000 dólares después de impuestos.

## MANTENERSE UN PASO POR DELANTE

Cuando nosotros, los autores de este libro, nos planteamos tener hijos, pensamos en sacrificio y amor. Cuando acoges a un hijo en tu relación, experimentas una abnegación y un amor muy profundos. No hay palabras adecuadas para describir lo que es enamorarse de tu hijo. Con tu pareja es una cosa, pero el enamoramiento que se produce la primera vez que sostienes en brazos a un bebé recién nacido es como sufrir el impacto de un meteorito. Es indudable que los hijos necesitan, exigen y merecen tu amor, tiempo y atención, pero eso no debería ser a costa de la relación principal con tu pareja.

La popular pareja formada por Giuliana y Bill Rancic (una famosa periodista y presentadora de televisión, y un empresario de origen croata también estrella de la televisión) decía en una entrevista en *US Weekly*: «Nosotros ponemos nuestro matrimonio en primer lugar y a nuestro hijo en segundo». El titular se convirtió en una gran noticia y provocó un debate en los medios sobre si esos dos personajes públicos eran «buenos padres». Lo que no salió en las noticias fue el resto de las declaraciones en las que aparecía esa frase:

> Nosotros somos esposos, pero también somos nuestros mejores amigos. Es curioso porque mucha gente, cuando tiene hijos, pone al bebé primero y deja su matrimonio en segundo lugar. Eso funciona para algunas personas. En nuestro caso, ponemos nuestro matrimonio en primer lugar y a nuestro hijo en segundo lugar, porque lo mejor que podemos hacer por él es tener un matrimonio sólido.

Este debate sobre quién debería ocupar el primer lugar cuando una pareja tiene hijos no se limita al caso de los Rancic.

La escritora Ayelet Waldman provocó la ira del público desde que su artículo «Truly, Madly, Guiltily» apareció en el *New York Times* hace algo más de una década. En él, confesaba (con culpabilidad) que amaba más a su marido que a sus hijos. También decía que ella podría seguir adelante si perdiera a uno de sus hijos, siempre que conservara a su marido (el novelista Michael Chabon). En el artículo, lamentaba que en Mommy and Me (un grupo de apoyo en el que se reúnen las madres con sus hijos pequeños), ella fuera un caso atípico en lo referente a seguir centrada en su marido y a mantener una vida sexual activa después de tener hijos: «¿Por qué, de todas las mujeres del grupo, soy la única que no ha hecho la transición erótica que se supone que debe hacer una buena madre? ¿Por qué soy la única incapaz de poner a sus hijos en el centro de su universo pasional?».

El escándalo a cuenta de su artículo de 2005 continúa hoy en día. Ella se mantiene firme: «Si centras toda tu pasión emocional en tus hijos y desatiendes la relación que ha dado existencia a tu familia..., al final las cosas pueden acabar yendo muy, pero que muy mal. Yo no he sido una madre perfecta, pero haber dado a mis hijos un sentimiento de seguridad sobre la relación de sus padres es algo de lo que me siento muy orgullosa», dice.

Waldman sabe lo que muchos de los que tenemos hijos mayores sabemos. Al final, si todo discurre según lo previsto, esos hijos se van de casa. Y cuando volváis a quedaros vosotros dos solos, la vuestra va a ser una relación precaria si no habéis mantenido la intimidad o la conexión.

Lo cierto es que los Rancic y Ayelet Waldman y Michael Chabon no son egoístas ni están locos; simplemente, se mantienen un paso por delante.

El sociólogo Ernest Burgess fue uno de los primeros en estudiar a las parejas casadas. En 1930, quiso desarrollar una medida científica para predecir el índice de éxito de los matrimonios. En su estudio longitudinal de parejas casadas, descubrió que, si partías de los recién casados, a medida que avanzabas a lo largo del espectro de la vida conyugal, la satisfacción marital dibujaba una curva en forma de «U». La satisfacción marital empezaba a descender después de la boda, caía en picado cuando llegaba el primer hijo y se desplomaba de modo aún más pronunciado con cada hijo que iba llegando. Si la pareja no se divorciaba mientras estaba en el fondo de la «U», la satisfacción marital empezaba a aumentar cuando el hijo más joven se iba de casa. Esto no solo era cierto en el primer tercio del siglo XX. Es la norma.

El estudio longitudinal del propio John Gottman sobre parejas recién casadas mostró que, de aquellas parejas que tienen un hijo en un promedio de cuatro años después de casarse, el 67 por ciento experimenta un vertiginoso descenso de la felicidad conyugal durante los tres primeros años de vida del bebé. Estudiando vídeos de conflictos conyugales, con observadores que ignoraban si la pareja tenía hijos o no, se ponía de manifiesto que las parejas con hijos mostraban un incremento de hostilidad y conflicto. No obstante, un tercio de las parejas que se convertían en padres no experimentaban un descenso de felicidad conyugal, así que John decidió estudiar atentamente a ambos grupos de parejas tres meses después de la boda. ¿Había alguna diferencia observable antes de nacer el bebé que permitiera predecir en qué grupo estaría la pareja después de que este llegara? Lo que John descubrió en su estudio longitudinal de parejas heterosexuales fue que los hombres que eran más respetuosos con sus esposas, y que más aceptaban su influencia o sus opiniones, tenían más probabilidades de no experimentar una disminución de la satisfacción marital una vez que llegaban los hijos.

**SI QUERÉIS TENER HIJOS Y SEGUIR SIENDO FELICES, AMBOS NECESITÁIS TENER DOS OBJETIVOS PRINCIPALES.**

Esos mismos hombres eran también radicalmente distintos mientras sus esposas estaban embarazadas. Se implicaban, le hablaban al bebé, le echaba piropos a su pareja, le decían que estaba guapísima y que demostraba una gran sabiduría en su forma de cuidar al bebé dentro del útero. John y Julie consiguieron revertir ese descenso de felicidad conyugal en un 77 por ciento de las parejas durante un taller de dos días, que se convirtió en su libro *And Baby Makes Three.*

Si habéis decidido tener hijos y queréis manteneros lejos del fondo de la «U», necesitáis tener un par de objetivos principales:

1. Los dos debéis trabajar para manteneros implicados durante el embarazo y el nacimiento del niño. Ambos tenéis que implicaros del modo más equitativo posible con el nuevo bebé, tanto si sois una pareja del mismo sexo como si formáis una pareja heterosexual. En las parejas heterosexuales, los estudios indican que la implicación del padre es de una gran importancia, y el secreto para que el padre se implique con el bebé es una buena relación con la madre. Si hay poco conflicto y sexo continuado, el padre se mantendrá implicado con el bebé y es más probable que la pareja conserve la felicidad marital.

2. El segundo punto más importante es que los dos mantengáis la intimidad y la conexión. Tenéis que convertir vuestra relación en una prioridad. De lo contrario, caeréis al fondo de la «U» y no saldréis de allí durante dieciocho años, si es que no os divorciáis antes. Para conservar la intimidad debéis hablar de vuestro estrés, buscar tiempo para conectar (¡noches de cita!) y evitar las actitudes defensivas, las críticas, el desdén y la tendencia a cerraros o apartaros el uno del otro. Repasad los capítulos sobre el conflicto y el sexo si tenéis dudas.

## SUEÑO Y SEXO

Uno de los mayores temores sobre tener hijos es que eso acabará con vuestra vida sexual, que ya no habrá tiempo para el romance, los viajes y la ambición, y que vuestro matrimonio y vuestra profesión se resentirán. Estas cosas pasan. Tal como hemos explicado, sucede en unos dos tercios de los matrimonios. Recordad que ya hemos analizado el estudio que llevaron a cabo durante cuatro años los científicos del Center on the Everyday Lives of Families de la UCLA con familias jóvenes: padres treintañeros con hijos. Las parejas pasaban un 10 por ciento de cada noche en la misma habitación antes de acostarse; básicamente, atendiendo cada uno por su lado a los niños, la casa, asuntos de trabajo. La mayoría de las conversaciones de las parejas eran sobre recados y problemas que debían resolverse. Si decidís tener una familia, es indispensable que sigáis buscando un tiempo especial para centraros el uno en el otro, para seguir teniendo una vida sexual satisfactoria, para continuar construyendo rituales de conexión e intimidad. El mayor don para un bebé es que exista una relación de amor entre sus padres. Esta es la base sobre la que se construirá su propia vida.

*Cita rápida*

## RESUMEN DEL CAPÍTULO

- La familia se define de maneras diversas y puede incluir hijos, niños adoptados, niños en acogida, ningún niño, mascotas, amigos o vuestra familia extensa.
- La decisión de tener hijos o no puede ser motivo de ruptura. Sed muy sinceros y abiertos al hablar de vuestro deseo de tener hijos y de cuántos imagináis. No entréis en un matrimonio pensando que más adelante conseguiréis convencer a vuestro cónyuge para tener o no tener hijos.
- El coste promedio para criar un hijo en 2015 asciende a 233.619 dólares. Eso sin incluir la universidad.
- Vuestra relación principal es la que tenéis entre vosotros.
- Aproximadamente, dos tercios de las parejas experimentan un marcado descenso de la satisfacción marital poco después de tener un hijo, y este puede hacerse más pronunciado con cada hijo subsiguiente.
- Para evitar este descenso de felicidad marital, los padres deben estar implicados en el embarazo, el nacimiento y el cuidado del bebé. Tiene que haber poco conflicto y debéis mantener vuestra relación sexual.

# La cita: FAMILIA

## TEMA DE CONVERSACIÓN

»» ¿Qué significa para cada uno de nosotros crear una familia? ¿Queremos hijos? ¿Cómo definimos una familia en nuestra relación?

## PREPARACIÓN

»» Reflexionad sobre lo que habéis leído en este capítulo y acerca de cualquier idea que os haya inspirado en torno a lo que significa una familia para vosotros y de cómo quisierais que fuera en vuestro caso.

## LUGAR

»» Un parque o una zona de juegos, un parque de atracciones o cualquier otro sitio al que acudan las familias con sus hijos. Buscad un rincón tranquilo desde donde veáis las actividades de las familias, pero donde podáis centraros el uno en el otro y en vuestra conversación (en algunos parques y zonas de juegos no te permiten entrar si no vas con un niño). Si preferís salir a cenar, escoged un restaurante frecuentado por familias con hijos.

## SUGERENCIAS

»» Idealmente, tendréis niños y familias a la vista durante esta cita. Eso puede servir para daros ideas sobre la familia que os gustaría crear entre los dos, o para reafirmaros en el sistema de control de natalidad que habéis escogido.

CITA EN CASA: preparad cada uno el plato favorito de vuestra infancia. Por ejemplo, croquetas de patata, macarrones con queso, o un desayuno para cenar. Compartid la comida y llevad una foto vuestra de niños para enseñársela a vuestra pareja.

## REQUISITOS

»› Debéis aportar vuestras ideas sobre el tipo de familia que os gustaría tener, así como vuestras ideas para convertir vuestra relación en una prioridad si habéis decidido tener hijos.

## SOLUCIÓN DE PROBLEMAS

- »› Mantén la mente abierta ante las ideas de tu pareja sobre la familia.
- »› Sé sincero sobre tu deseo de tener o no tener hijos.
- »› No critiques a la familia de tu pareja, ya sean suegros, cuñados o amigos íntimos quienes para ella forman parte de la familia.
- »› Si ya tenéis hijos, valora a tu pareja por su apoyo en las tareas de la paternidad.
- »› Analiza tus propios valores y las necesidades de tu pareja respecto a la familia, y no critiques nunca sus valores y necesidades, o su modo de ejercer la paternidad si tenéis hijos.

## PREGUNTAS ABIERTAS PARA VUESTRA CONVERSACIÓN

Haceos las siguientes preguntas:

1. ¿Cómo imaginas a tu familia ideal? ¿Solo nosotros dos? ¿Nosotros, más nuestros amigos y familiares? Si quieres hijos, ¿cuántos te gustaría tener?
2. ¿En qué aspectos tus padres parecían mantener o no su unión, su amor y su relación romántica después de tener hijos?

### PARA PAREJAS QUE PLANEAN TENER HIJOS:

1. ¿Qué problemas crees que podríamos tener para conservar nuestra intimidad en nuestra futura familia?
2. ¿Qué crees que te encantaría del hecho de que fuéramos padres?
3. ¿Qué características o cualidades mías te gustaría que tuviera nuestro hijo?

### PARA PAREJAS QUE NO PLANEAN TENER HIJOS O CUYOS HIJOS SON MAYORES:

1. ¿Cómo vamos a crear un sentimiento de familia?
2. ¿A quién consideras nuestra familia más próxima (pueden ser amigos o familiares)? ¿Qué quieres hacer para profundizar en nuestra relación con nuestra familia o nuestros amigos íntimos?

## REAFIRMAR NUESTRO FUTURO JUNTOS

Leeos el uno al otro esta declaración. Miraos a los ojos mientras lo hacéis.

»» ««

Me comprometo a crear una familia llena de amor. Si tenemos hijos, me comprometo a evitar los conflictos destructivos y a seguir haciendo que nuestra relación sea una prioridad.

# Notas

CITA

»6«

# Juega conmigo

## DIVERSIÓN Y AVENTURA

Nuestras vidas y nuestras relaciones son mejores, más radiantes y divertidas cuando nos acordamos de jugar, cuando les inyectamos algo de aventura. ¿Cuándo fue la última vez que tú y tu pareja probasteis juntos algo nuevo? ¿Cuándo fue la última vez que emprendisteis una aventura? ¿Cuándo fue la última vez que os reísteis juntos?, ¿que hicisteis tonterías? Si no lo recuerdas, entonces necesitas seriamente una dosis de juego y diversión. El juego es una parte necesaria y vital de nuestras relaciones. Lisa y llanamente: las parejas que juegan juntas se mantienen juntas.

Uno de los grandes mitos sobre las relaciones es que debéis tener ideas similares acerca de lo que es la diversión y la aventura para disfrutar de una relación exitosa. Desde luego, está muy bien si es así, pero no importa si no lo es. Lo más importante es encontrar todas las maneras posibles de jugar juntos y apoyaros mutuamente en vuestras aventuras individuales.

Para muchas parejas, la diversión y el juego es con frecuencia lo primero que desaparece en una relación y lo que figura en último lugar en la lista de tareas pendientes. Los largos horarios de trabajo, las exigencias de la familia y el estrés pueden acabar eliminando la diversión en una pareja. Howard Markman, profesor de psicología de la Universidad de Denver y codirector del Center for Marital and Family Studies, dice: «La correlación entre diversión y felicidad conyugal es elevada y significativa. Cuanto más inviertes en diversión y amistad, en pasar tiempo con tu pareja, más feliz será la relación con el tiempo». Markman y su codirector, Scott Stanley, iniciaron en 1996 un estudio a largo plazo con más de trescientas parejas de Denver, utilizando un cuestionario basado en una «escala de diversión y amistad» que ambos habían desarrollado. Aunque el estudio aún no ha sido publicado, los hallazgos son claros: las parejas que juegan, ríen y convierten la vida cotidiana en un «juego» son más felices.

La diversión, las actividades y las risas compartidas contribuyen a crear una relación más sólida, más feliz y más sana. El psicólogo Arthur Aron, de la Universidad Estatal de Nueva York en Stony Brook, estudió a una serie de parejas para averiguar cómo el hecho de participar en nuevas actividades incidía en el modo que tenía cada uno de vivir la relación. Cuanto más novedosas y excitantes eran las actividades (no con ese tipo de excitación), más felices decían sentirse las parejas con la relación. El goce que experimentaban con las nuevas experiencias estimulaba sus sentimientos mutuos. Si se divertían con su pareja, quería decir que su pareja era divertida. La conclusión es que el juego no es un lujo o un capricho, sino una necesidad para crear una relación exitosa y feliz.

**UNO DE LOS GRANDES MITOS SOBRE LAS RELACIONES ES QUE DEBÉIS TENER IDEAS SIMILARES ACERCA DE LO QUE ES LA DIVERSIÓN Y LA AVENTURA PARA DISFRUTAR DE UNA RELACIÓN EXITOSA.**

Jugar no consiste simplemente en estar juntos, sino en conectar el uno con el otro. Cuando jugamos juntos en pareja, estamos desarrollando nuestra confianza y nuestra intimidad. Así como jugar es el modo que tienen los niños de aprender a cooperar, también es un medio para fomentar la cooperación en las relaciones adultas. Tanto si hacéis volar una cometa como si salís de excursión o echáis una partida a un juego de mesa, cuando jugáis juntos estáis creando un sentimiento de diversión compartido, lo cual a su vez vuelve más profunda la intimidad y la conexión que hay entre vosotros.

El doctor Stuart Brown, fundador del National Institute for Play, dice que jugar es «una actividad absorbente y sin propósito aparente que proporciona placer y una suspensión de la conciencia de uno mismo y de la noción del tiempo». Brown cree que «no hay nada que active tanto el cerebro como jugar» y que «estamos diseñados para jugar durante toda la vida, no solo de niños».

¿Qué significa esto en lo relativo a nuestras relaciones y a nuestro deseo de ser felices para siempre? Brown dice: «Jugar refresca una relación de larga duración entre adultos; algunos de los rasgos distintivos de su acción refrescante y oxigenante son: el humor, el goce de la novedad, la capacidad de compartir un sentimiento despreocupado ante las ironías de la vida y el regocijo de contarse cosas mutuamente. Estas formas de comunicación e interacción lúdicas, si se alimentan, producen un clima de conexión accesible y una relación más gratificante: una verdadera intimidad».

Encontrar modos de jugar juntos con la mayor frecuencia posible contribuirá a que vuestra relación se fortalezca; y convertir el juego en una prioridad os ayudará a crear una relación llena de alegría y felicidad.

## LA RISA ES LA MEJOR MEDICINA

La esencia emocional del juego es la risa. Podéis jugar mientras laváis los platos. Podéis jugar cuando estáis cortando el césped.

Podéis jugar incluso cuando estéis «trabajando» en vuestra relación. El juego es espontáneo. El juego es divertido. El juego es una actitud. El juego supone amistad. El juego es también un modo de estar en el mundo.

Cuando empezabais a salir, seguramente encontrabais muchos momentos para jugar. Las citas eran algo nuevo y excitante, una aventura. Construisteis la amistad y el romance sobre la base del juego. Eso no tiene que terminar cuando os adentráis en una relación «seria» o de larga duración. De hecho, es entonces cuando tenéis que hacer un esfuerzo concertado incluso mayor para incorporar el juego a vuestra vida cotidiana y en la textura de vuestra relación.

«Al principio, todo era excitante —dice Kim, una mujer de veintitantos recién prometida—. Cuando empezamos a salir, planeábamos un montón de cosas divertidas que hacer juntos. Surf, parques de atracciones, conciertos, partidos de béisbol. Ahora que estamos viviendo juntos y planeando la boda, es como si solo viésemos la televisión y fuéramos al cine cuando tenemos un rato para nosotros. No nos esforzamos como antes para hacer cosas nuevas. Me inquieta que acabemos como esas parejas que se sientan en un restaurante, año tras año, sin tener nada nuevo o interesante que decirse».

El temor de Kim es algo corriente. Quizá incluso lo tenemos programado, puesto que nuestro cerebro parece necesitar el juego y la aventura para alcanzar un nivel óptimo de salud y bienestar. El afán de aventura o sistema de búsqueda es una fuerza motriz en todos los mamíferos. El sistema de búsqueda en los animales es lo que hace que una ardilla husmee una nuez, es lo que induce a todos los animales a explorar su entorno para encontrar los recursos necesarios para sobrevivir. Los seres humanos también tienen un sistema de búsqueda, y este está relacionado con la exploración y, en último término, con la curiosidad. Los animales buscan comida, o un compañero con el que aparearse, pero los seres humanos estamos desarrollados de un modo altamente sofisticado. Buscamos nuevas experiencias, nuevos descubrimientos y nuevos sentidos. Y buscamos la recompensa y el placer que proporcionan estas nuevas experiencias.

Cuando sientes placer, excitación o euforia, la red neuronal llamada «sistema de recompensa» está trabajando en tu cerebro. Este circuito cerebral incluye las neuronas del tegmento ventral, el ganglio basal, el córtex prefrontal y el núcleo accumbens. Este sistema está involucrado también en el aprendizaje, la motivación y la búsqueda de lo que es nuevo y excitante en la vida. La dopamina es el principal neurotransmisor del sistema de recompensa. Si tu cerebro queda inundado con la suficiente dopamina, te sientes eufórico, como si fuera a suceder algo maravilloso. Tanto cuando gana tu equipo favorito como cuando te besa alguien que amas o cuando tu jefe elogia tu trabajo, el placer que experimentas es la oleada de dopamina que estimula el sistema de recompensa de tu cerebro. Cuando experimentas algo agradablemente nuevo o desconocido, tu cerebro se lleva una suculenta dosis-premio de dopamina. Se siente bien. Te estimula.

En una pareja, el problema se presenta cuando cada uno recibe este premio de diferentes maneras. Julie no puede sentarse en el sofá a leer un libro de física y satisfacer el sistema de búsqueda de su cerebro. John sí. El cerebro de John (el cerebro de un hombre capaz de pensar en diez maneras de morirse durante un pícnic) no recibirá la misma oleada de placer que obtiene Julie al esquiar a velocidades vertiginosas por la ladera de una montaña.

**EL JUEGO ES DIVERTIDO. EL JUEGO ES UNA ACTITUD. EL JUEGO SUPONE AMISTAD. EL JUEGO ES UN MODO DE ESTAR EN EL MUNDO.**

Hay incluso algunos estudios científicos que muestran que algunas personas quizá tengan una variante genética en su sistema de dopamina que les impulsa hacia las actividades y conductas de riesgo. Estas pueden ir desde el heliesquí o el surf de grandes olas a la adicción a las drogas. Cynthia Thomson, una investigadora de la Universidad de British Columbia, ha identificado lo que llama el «gen temerario». Este gen tal vez limita la cantidad de dopamina que liberan algunas personas, lo que las impulsa a buscar niveles más altos y extremos de aventura para obtener la misma recompensa.

## CAMPAMENTO BASE

Imagina que llevas en pareja un par de décadas. Ahora imagina que tu pareja entra en el tranquilo y precioso hogar que habéis construido con los años. Tú supones que viene a hablar de lo que hay para cenar, o quizá de los planes que estáis haciendo para el fin de semana, pero lo que tu pareja te anuncia es que ha decidido que necesita escalar el Everest antes de los cincuenta. Y resulta que va a cumplirlos muy pronto.

Esto es lo que le sucedió a John hace aproximadamente dieciséis años. Julie anunció que necesitaba llevar a un grupo de mujeres al campamento base del Everest y quizá incluso más arriba. Iba a ser la aventura de su vida y la realización de un sueño largamente acariciado. John la escuchó mientras ella le explicaba lo increíblemente importante que era ese viaje para ella, y respondió como el marido culto y especialista en matrimonios que era: «¿Es que te has vuelto completamente loca?».

—Al principio pensé que padecía una chifladura temeraria y que había que tenerla en observación. No lo dije en voz alta. Soy terapeuta de matrimonios, al fin y al cabo, y era lo bastante sensato para callármelo. Mi segundo pensamiento fue: «¿Y si se muere?». Estaba asustado, me entró pánico, y le comuniqué mis temores.

Por suerte para John, Julie llevaba casada con él el tiempo suficiente para saber cómo reaccionar frente a sus inquietudes y su pánico. Así pues, le escuchó, aceptó que sintiera temor y le tranquilizó lo mejor que pudo. Le explicó el itinerario, el programa de adiestramiento, las medidas de seguridad, los costes y todos los detalles, con la esperanza de aplacar su inquietud. Finalmente, John dio su conformidad al plan, siempre y cuando se llevara un teléfono satélite y le llamara cada uno o dos días.

Julie se embarcó en un programa de adiestramiento de un año, subiendo empinadas escaleras por todo Seattle con una mochila de dieciocho kilos.

—Incluso me preguntó si quería acompañarla a Katmandú —comenta John—. Yo soy capaz de desmayarme por mal de altura en una escalera de mano, y sabía que no puedes llamar al servicio de habitaciones mientras asciendes el Everest, así que decliné su propuesta. Ella empezó a entrevistar a sherpas —recuerda—. Yo los conocí y pensé que eran todos unos peligrosos depravados que solo querían acostarse con las mujeres. Pero, aun así, hice un esfuerzo para aceptar que ella iba a emprender ese viaje. Finalmente, llegó el gran día y ella se fue. Mi mayor aportación fue guardarme todos mis gimoteos para cuando volviera.

»Al final —prosigue John—, tuve que afrontar el hecho de que esta mujer, el amor de mi vida, es muy diferente de mí. Ella es una deportista, una exploradora y una auténtica aventurera. La aventura consiste para mí en estudiar mecánica cuántica y ecuaciones diferenciales desde la tranquilidad de mi sillón. Julie era esquiadora en la universidad: bajaba por una pendiente a ochenta kilómetros por hora. Dios mío, ¿por qué querrá hacer nadie una cosa así? Pero ella deseaba escalar parcialmente el Everest, y es mi chica, así que tuve que comprender lo que significaba para ella y apoyarla.

»Nunca olvidaré la expresión que tenía en la cara en la fotografía que le sacaron en el Kala Patthar, un pico situado junto al Everest, de 5.643 metros de altura. Esa fotografía de Julie en el Everest es el rostro de la dopamina en acción. La tengo enmarcada y colgada en la pared de casa, porque nunca la he visto con un aspecto más feliz. Nunca.

Aunque John y Julie no encuentran una diversión común en el terreno de los deportes extremos, sí dan con ella en la natación, en las aventuras que no requieren un seguro de vida, en buscar sitios nuevos para navegar en kayak y en viajar juntos a destinos increíbles de todo el mundo. Han aprendido a hablar de sus intereses dispares y a disfrutar juntos el juego y la diversión que funciona para los dos.

## ENCONTRAR UN TERRENO COMÚN

La clave no es forzar a tu pareja a buscar el juego y la aventura de la misma manera que tú; de hecho, la disposición programada en el cerebro de cada uno hace que eso sea prácticamente imposible. Esta necesidad fundamental de buscar la novedad, afrontar retos y experimentar la sorpresa forma parte de cada uno de nosotros. Reside en las profundidades de nuestro cerebro primitivo y nunca nos abandona, por muy viejos que nos hagamos. Cada uno de nosotros anhela la excitación y ese sentimiento arrollador de que algo maravilloso está a punto de suceder.

Para una pareja, el juego y la aventura consisten en aprender juntos, en crecer juntos, en explorar juntos y en apoyar la curiosidad natural de cada uno. La aventura siempre implica lo desconocido y, como tal, entraña cierto peligro. Algunas personas son más capaces de tolerar el peligro que otras. Explorad en qué aspectos sois iguales y en cuáles sois diferentes, y encontrad un terreno común. John y Julie descubrieron que el tipo de aventura que disfrutan juntos es navegar en kayak por el mar con su Seaward doble. A los dos les encanta.

—A mí me encanta el agua —dice John—. A Julie le gusta estar activa. Yo nunca voy a escalar montañas, pero encontramos un terreno en el que se entrecruzaban su amor a los deportes extremos y mi temor a cualquier actividad más enérgica que la lectura: la navegación en kayak. Metemos el kayak en el agua, nos alejamos de la orilla y escapamos de las exigencias de la vida cotidiana, del trabajo y la familia. Esta clase de juego es una liberación para nosotros. Y lo que es más importante, hemos encontrado un terreno en el que nuestros distintos estilos de juego podían coincidir. Eso nos ha acercado más con los años. Cada vez que salimos en kayak, estamos conectando. En el agua, tenemos que confiar el uno en el otro. Depender de otro. Afrontamos los retos de este deporte juntos, y eso nos estimula. Nos revitaliza individualmente y también como pareja. Las salidas en kayak son un tiempo especial que pasamos juntos lejos del mundo. Nos reímos. Charlamos. Cantamos. Nos sentimos totalmente a salvo. Nunca nos hemos criticado el uno al otro mientras remamos. Al principio, remábamos todo el rato en círculo, pero nosotros nos reíamos. Hemos creado una nueva experiencia común y eso nos ha ayudado a seguir enamorados año tras año en nuestro matrimonio.

La necesidad de aventura es universal, pero los modos que tengamos de buscar esa novedad serán diferentes. Ni mejores ni peores. Ni correctos ni incorrectos. Simplemente, diferentes. Asistir a una clase de cocina, por ejemplo, puede ser una aventura si nunca habéis cocinado en vuestra vida. O bien tomar unas clases de arte, si nunca habéis pasado de dibujar monigotes. La aventura no tiene por qué desarrollarse en cimas remotas o con riesgo para tu vida y tu integridad física. En esencia, la aventura es sencillamente buscar algo nuevo y diferente. Es cualquier cosa que te saque de tu zona de confort y te genere una excitación inducida por la dopamina.

**HEMOS CREADO UNA NUEVA EXPERIENCIA COMÚN Y ESO NOS HA AYUDADO A SEGUIR ENAMORADOS AÑO TRAS AÑO EN NUESTRO MATRIMONIO.**

## LUNA DE MIEL EN EL INFIERNO

Desde el principio, Doug y Rachel convirtieron la aventura en una parte integral de su relación. A diferencia de John y Julie, tienen un concepto muy similar de la aventura, lo cual no es necesariamente algo bueno. Ambos aman las emociones fuertes y han tenido que gastar una pequeña fortuna en seguros. Durante su luna de miel, tuvieron muchas experiencias cercanas a la muerte, lo cual hizo que sus votos de «hasta que la muerte nos separe» parecieran un poco demasiado proféticos.

Rachel y Doug decidieron pasar su luna de miel visitando a un amigo y viajando por una Guatemala recientemente desgarrada por la guerra. El país ya no estaba en guerra cuando lo visitaron, pero escucharon muchas historias sobre escuadrones de la muerte que les hicieron preguntarse si no deberían haber ido a Hawái o viajado en un crucero como la mayoría de los recién casados. Además, no tenían mucho dinero, porque Rachel aún estaba en la Facultad de Medicina y Doug en su primer empleo después de la universidad.

En una de sus aventuras, decidieron escalar hasta lo alto de un volcán cercano, que por suerte no entró en erupción, pero que comportó un penoso ascenso casi en vertical y un resbaladizo descenso por un barrizal. Tras esa excursión de muchos kilómetros a gran altitud, Rachel se desmoronó en la canoa, y Doug, solo por el deseo de demostrarle su virilidad a su nueva esposa, consiguió ponerse a remar con los brazos entumecidos y cruzar el enorme lago hasta su alojamiento.

En otra ocasión, decidieron recorrer la selva a caballo, lo que acabó convirtiéndose en una galopada casi suicida a través de enredaderas y ramas con espinas. Finalmente, vivieron una aventura espeleológica en un río, durante la cual tuvieron que sujetar con la boca velas encendidas mientras nadaban por el agua helada de las profundidades de una cueva oscura. Tras una hora nadando, ya con todas las velas mojadas, les dijeron que se lanzaran por un hueco sumido en las tinieblas, asegurándoles que había una poza de agua seis metros más abajo. Ese fue el acto de fe más terrorífico de todos. Ellos decidieron que aquello venía a ser como el matrimonio, se cogieron de la mano y saltaron.

Después de su luna de miel, los desafíos de la vida marital les parecieron más bien manejables. Ambos afrontan el matrimonio como una montaña tentadora que desean escalar y buscan nuevas experiencias y aventuras constantemente. Ese afán aventurero y ese gusto por la novedad siempre han añadido un elemento excitante a su relación y les han permitido ver toda su vida juntos como una aventura. No todas sus aventuras han resultado ser una experiencia cercana a la muerte, pero ellos piensan que enfrentarse a nuevos desafíos y tener nuevas experiencias los ha ayudado a mantener viva la llama de la pasión. «Hay algo en el hecho de afrontar un desafío juntos que te une estrechamente y te impide que lo des todo por descontado respecto a tu pareja», dice Doug.

## EL FENÓMENO CHRISTIE BRINKLEY

Sentirse unidos después de enfrentarse a un reto o embarcarse en una experiencia peligrosa no es algo exclusivo de Doug y Rachel. La investigación muestra que la reacción fisiológica ante el miedo es, en cierto sentido, similar a la reacción fisiológica ante la excitación sexual. Las palmas sudorosas, el ritmo cardiaco acelerado o cualquier otro síntoma de temor o ansiedad pueden atribuirse erróneamente a la atracción sexual. No has de arriesgar tu vida y tu integridad física para sentirte excitado en tu relación: prueba una vuelta en una montaña rusa, o una película de terror, o cualquier otra actividad que te inspire miedo a ti o a tu pareja, y verás hasta qué punto os sentís más cerca después de la experiencia.

Todos hemos leído historias de personas que se enamoraron tras sobrevivir a un desastre natural o un accidente de avión. Basta recordar a la supermodelo Christie Brinkley, que sobrevivió a un accidente de helicóptero con un hombre atractivo que no era su marido. Poco después de sobrevivir a la colisión de heliesquí en lo alto de una montaña de Colorado, declaró que estaba enamorada de él y abandonó a su marido. Su precipitado matrimonio con ese hombre junto al que había sobrevivido duró solo siete meses.

Los científicos saben que la parte del cerebro en la que experimentamos el miedo —la amígdala derecha— está conectada con la zona cerebral en la que experimentamos la excitación sexual. (Por eso, quizá estés pensando, les gustan tanto las películas de terror a los adolescentes). Ambas sensaciones están vinculadas tan estrechamente que ni siquiera el mismísimo Billy Joel tuvo la menor oportunidad cuando su esposa se estrelló en la cima de una montaña con otro hombre. Hay también un factor hormonal en juego cuando nos embarcamos en una aventura nueva y excitante: un pequeño cóctel de dopamina, norepinefrina y feniltilamina (PEA). La PEA es el cóctel químico causante del subidón natural que sientes cuando te enamoras. Es lo que te vuelve capaz de pasarte toda la noche hablando, en lugar de dormir. Los niveles de PEA se incrementan igualmente con las actividades de alta intensidad como el paracaidismo (también tomando ciertas drogas y consumiendo grandes cantidades de chocolate). Con frecuencia, nos lamentaremos de la pérdida de esos días y noches de enamoramiento, cuando nuestra energía recíproca no tenía límite, pero nuestro organismo desarrolla una tolerancia frente a los efectos de la PEA (igual que frente a la cafeína y otras sustancias) que puede confundirse habitualmente con el fin del amor. No es así. Si nos proponemos entender nuestra necesidad de aventura y de exploración continuada con nuestra pareja, podemos reactivar el cóctel hormonal del amor en cualquier momento.

## EMPRENDER AVENTURAS JUNTOS

Nuestro afán de aventura y necesidad de jugar nunca desaparece. Puede quedar adormecido o hibernado, pero sigue constituyendo una necesidad humana básica que siempre estará ahí esperando a ser reconocida.

Como pareja, podéis haceros estas sencillas preguntas para averiguar si vuestra relación carece de aventura:

- ¿Cuándo fue la última vez que sentisteis excitación o curiosidad mientras estabais con vuestra pareja?
- ¿Cuándo fue la última vez que hicisteis juntos algo nuevo?
- ¿Cuándo fue la última vez que tuvisteis la sensación de que estaba a punto de suceder algo maravilloso?

Un indicio de que hay una falta de aventura en la pareja es que uno de los dos o ambos andéis buscando sustitutos para la generación de dopamina y acabéis alimentando la necesidad de juego y aventura (de dopamina) con azúcar, chocolate, comida basura y, en ciertos casos, alcohol, psicofármacos y otras sustancias psicoactivas, legales o ilegales.

En las relaciones en las que no hay aventura compartida ni aventura de ningún tipo, se acaba instalando una especie de inercia y falta de vitalidad. La relación se convierte en una serie de tareas. Se vuelve rutinaria. Ya no hay sorpresa y se pierde la chispa que aportan de forma natural el juego y la aventura.

Hay muchas maneras de vivir aventuras juntos. Una pequeña aventura en un sitio nuevo y desconocido puede constituir un microcosmos de una vida aventurera. Salid juntos y explorad lo desconocido, bien sea dando un paseo por un barrio nuevo, probando un nuevo tipo de comida en un restaurante, viajando a cualquier sitio (aunque sea cerca), haciendo nuevos amigos, hablando con desconocidos, apagando vuestro móvil durante un día, o decidiendo tomar juntos una clase de hiphop. La novedad es la clave, así que sacudíos la rutina, probad algo diferente y explorad lo que el juego y la aventura significan para cada uno de vosotros.

**NO DEBÉIS JUGAR DEL MISMO MODO PARA SER UNA PAREJA FELIZ O PARA MANTENER VIVA LA DIVERSIÓN ENTRE VOSOTROS.**

Vivir aventuras no tiene que costar dinero, ni implicar lugares exóticos ni poneros en grave peligro. Mirad el mundo con ojos nuevos, con curiosidad renovada. ¿Quién sabe lo que descubriréis?

A Julie le gusta escalar montañas. A John, estudiar ecuaciones matemáticas. Por suerte para ellos, no hay una correlación entre el hecho de tener intereses comunes y la felicidad en la pareja. Eso significa que no debéis jugar del mismo modo para ser una pareja feliz o para mantener viva la diversión entre vosotros. Pero ambos tenéis que jugar. Y compartir vuestros juegos individuales con fotografías e historias, y comentando cómo os hacen sentir. Podéis tener intereses opuestos en el juego y la aventura, y aun así mantener una relación que siga creciendo. Pero buscad las actividades (como John y Julie con la navegación en kayak) en las que se entrecrucen vuestras distintas maneras de entender el juego y la aventura.

Pensad en cómo os gusta jugar a cada uno. Si lleváis un tiempo sin hacerlo, o no se os ocurre nada, recordad cómo jugabais de niños. ¿Qué era lo más divertido cuando estabais jugando? ¿Qué tipo de juego era el que os hacía sentir más vivos y más felices? ¿Cuándo fue la última vez que jugasteis a ese juego u otro similar? ¿Y vuestra pareja?

Mientras estáis pensando en desarrollar una carrera profesional, o planeando la boda, o fundando una familia, puede parecer extraña la idea de jugar en ese mismo sentido. Pero como hemos dicho, jugar es importante a lo largo de toda la vida. El teórico del juego Brian Sutton-Smith ha escrito más de cincuenta libros sobre lo que significa jugar en nuestra vida, tanto de niños como de adultos. Sutton-Smith afirma: «Lo opuesto al juego no es el trabajo: es la depresión». Cuando nuestra vida está impregnada de juego, somos capaces de ver la parte absurda de las cosas serias y encontrar excitación en la rutina.

Una relación sin juego es una relación sin humor, sin coqueteo, sin diversión y sin fantasía. Todos necesitamos el humor, la risa y el juego. El romance es un juego. Charlar es un juego. Pasear es un juego. No hace falta que os inscribáis en una liga deportiva ni que reservéis una gran cantidad de vuestro tiempo libre. Solo tenéis que imprimir el espíritu del juego en lo que hagáis, sea lo que sea. El juego debe ser una prioridad. No cometáis el error de pensar que, cuando estén hechas todas las tareas, jugaréis juntos. No será así. Si os resulta extraño al principio, incluid el juego en vuestra lista de tareas semanal. ¿Hay que ir al súper a hacer la compra? Convertidlo en un juego con vuestra pareja. ¿Hay que pagar las facturas del mes? Mirad a ver cómo podéis coquetear el uno con el otro mientras firmáis esos cheques. Vuestra felicidad individual y como pareja no consiste en no tener malas experiencias, sino en generar constantemente buenas experiencias. Recordad la correlación fundamental entre experiencias positivas y negativas durante la interacción no conflictiva: veinte experiencias positivas por cada una negativa. Eso lo conseguimos también con el juego. Ninguno de nosotros quiere acabar engrosando las estadísticas de divorcios y, como dice Stuart Brown, cuando «eliminas el juego del cóctel, una relación se convierte en un concurso de resistencia y supervivencia». No suena muy romántico, ¿verdad? La capacidad de jugar es una cualidad tan necesaria como la fidelidad para mantener la vitalidad de vuestra relación.

*Ejercicio*

## POR PURA DIVERSIÓN

Lee esta lista antes de la cita. Rodea con un círculo aquellas ideas que constituyan un punto de partida para jugar o vivir una aventura con tu pareja tal como a ti te gustaría; luego destaca con una estrella las tres que querrías probar primero. Si eres un aventurero de verdad, puedes sacar de la lista una idea semanal para hacer algo nuevo y probarlas todas. También hemos dejado unas líneas en blanco para que tú mismo puedas añadir tus propias ideas.

- Hacer una excursión o dar juntos un largo paseo.
- Ir en coche este fin de semana a algún sitio que ambos queríamos explorar.
- Planear un pícnic.
- Jugar una partida de cartas o de un juego de mesa.
- Escoger un nuevo videojuego y aprender a jugar juntos a él.
- Mirar coches, antigüedades o ropa nueva: cualquier cosa que os apasione a los dos.
- Planear juntos una comida e invitar a unos amigos.
- Preparar juntos un plato de *nouvelle cuisine*.
- Escoger y probar un nuevo restaurante o una nueva especialidad gastronómica.
- Jugar a la pelota.
- Aprender juntos un nuevo idioma (o al menos unas cuantas frases).
- Hablar con acentos extranjeros mientras hacemos cualquier otra cosa.
- Salir en bicicleta o alquilar una bici para dos.

- Practicar el patinaje sobre ruedas o sobre hielo.
- Alquilar unos *segways* (vehículo eléctrico de dos ruedas).
- Remar juntos en un bote, una canoa o un kayak.
- Ir a una librería y explorar una sección de libros que no solemos leer.
- Planear una actividad con fauna silvestre: avistamiento de aves o ballenas, el zoológico, el acuario local.
- Aprender juntos un nuevo deporte.
- Asistir a una actuación en directo: teatro, improvisación, música, monólogos humorísticos, circo, danza. Cualquier cosa que suene divertida.
- Tomar juntos una clase de actuación: improvisación, interpretación, canto o monólogo cómico.
- Leer juntos un libro de chistes. O un libro de poemas. O alternar la lectura de un chiste y un poema.
- Salir a bailar.
- Ir a pescar.
- Asistir a un concierto o una actuación de música en directo.
- Crear una lista de reproducción de la música que sonaba cuando nos conocimos y bailábamos, o que simplemente escuchábamos juntos.
- Hacer ejercicio los dos juntos.
- Sacar entradas para nuestro acontecimiento deportivo preferido y animar juntos a nuestro equipo.
- Ir a un spa y disfrutar de la sensación de estar juntos en un jacuzzi o una sauna.
- Tocar música juntos.

- Cantar canciones que ambos nos sabemos.
- Ir a una galería de arte o un museo.
- Fingir que somos espías mientras estamos en el centro comercial o en la ciudad.
- Asistir a una cata de vino, de cerveza o de chocolate.
- Subir a una colina, o a una montaña, o a un árbol fácil.
- Contarse historias sobre los momentos más embarazosos o divertidos de nuestra vida.
- Ir a un rocódromo.
- Ir a un gimnasio de trampolines.
- Ir a un parque temático o un parque de atracciones.
- Jugar juntos en el agua: natación, esquí acuático, surf, tabla remo, navegación a vela.
- Hacer una cita en algún sitio y fingir que no nos conocemos y nos vemos por primera vez. Coquetear y tratar de seducirnos mutuamente.
- Dibujar, colorear o pintar juntos.
- Hacer trabajos manuales juntos: artesanía, alfarería, aeromodelismo, ropa, disfraces, carpintería.
- Organizar una fiesta improvisada e invitar a todos los que estén disponibles en ese momento.
- Hacer yoga juntos o tomar una clase de yoga para parejas.
- Aprender a hacer masajes en pareja.
- Salir a pasear por un barrio nuevo.
- Escribirse una carta de amor el uno al otro con la mano no dominante.

- Dar una vuelta por nuestra ciudad en autobús, en lugar de coger el coche.
- Quedarse despiertos toda la noche.
- Apagar todos los dispositivos electrónicos todo el día.
- Asistir a una clase de arte.
- Asistir a una clase de cocina.
- Asistir a una clase de baile.
- Pedirle a una pareja que no conocemos muy bien que se apunte a una cita doble.
- Entablar conversación juntos con unos desconocidos que estén sentados cerca en un restaurante, un banco de un parque o un vagón del metro.
- Jugar en el barro.
- Hacer submarinismo o buceo en jaula con tiburones.
- Hacer puenting.
- Salir de excursión o de camping con mochilas.
- Viajar a un país exótico.
- Hacer cualquier cosa que siempre hayamos deseado, pero que nos daba miedo hacer.
- ____________________________________
- ____________________________________

*Cita rápida*
## RESUMEN DEL CAPÍTULO

- » El juego y la aventura son componentes vitales de una relación exitosa y feliz.
- » Estamos diseñados para jugar durante toda nuestra vida.
- » Con frecuencia ponemos el juego en el último lugar de la lista de tareas.
- » El juego y la aventura se basan en la risa y la novedad.
- » La necesidad de aventura está programada en nuestro cerebro y forma parte del sistema de recompensa cerebral.
- » Cuando experimentamos cosas nuevas, obtenemos una placentera oleada de dopamina.
- » Algunas personas necesitan vivir aventuras más extremas e incluso peligrosas para obtener la misma oleada de dopamina que las demás.
- » No importa si tú y tu pareja tenéis diferentes ideas sobre lo que constituye el juego y la aventura. La clave es respetar la idea de aventura de cada uno y entender el significado que tiene para vuestra pareja.
- » Si no recuerdas la última vez que sentiste excitación y curiosidad con tu pareja, o tuviste la sensación de que algo maravilloso estaba a punto de suceder, quiere decir que padeces una falta de juego y aventura.
- » Haced que jugar juntos sea una prioridad, y aportad el espíritu del juego a todo lo que hagáis juntos.
- » Jugar juntos crea confianza, intimidad y una profunda conexión. Las parejas que juegan juntas se mantienen juntas.

# La cita: DIVERSIÓN Y AVENTURA

## TEMA DE CONVERSACIÓN

» ¿Cómo nos gusta divertirnos a cada uno? ¿Cuál es el papel del juego y la aventura en nuestras vidas?

## PREPARACIÓN

» Piensa en cómo te gustaría jugar y en qué aventuras te gustaría vivir. Reflexiona sobre lo que has leído en este capítulo y acerca de cualquier idea que te haya suscitado en relación con lo que tú entiendes por juego y aventura, y pregúntate si tus necesidades en este sentido están satisfechas. ¿Cómo te gustaría jugar con tu pareja en el futuro? ¿Qué aventuras podéis tener juntos? Sé curioso respecto a tus propias respuestas y a las de tu pareja. Quizá te sorprendas a ti mismo y obtengas una pequeña oleada de dopamina de recompensa solo con la idea de jugar juntos y vivir aventuras de una manera nueva.

## LUGAR

» Un sitio donde nunca habéis estado o un sitio familiar utilizado de una forma nueva. Probad en un parque, en la playa, en un tejado, en vuestro patio trasero o intercambiad apartamentos con un amigo. Considerad la idea de trepar a un árbol y tener toda la cita y la conversación mientras permanecéis sentados en una rama. Montad la cita en la bañera o en otra masa de agua. Seguid a un coche al azar y celebrad la cita en el sitio donde vaya a parar el coche. Usad vuestras propias ideas para escoger el lugar teñido de aventura que se os ocurra. Sed espontáneos y curiosos respecto a lo que pueda suceder. Probad una hora atípica para una cita: a primera hora de la mañana, en mitad de la noche, o cuando ambos deberíais estar en el trabajo. Esta cita debe basarse en la novedad y la excitación. Sed creativos. Sed espontáneos.

## SUGERENCIAS

»» Podéis buscar lugares ocultos cerca de vuestra casa en AtlasObscura.com y explorar uno de ellos con vuestra pareja mientras comentáis las preguntas. También podéis explorar zonas de Geocaching que tengáis cerca —una especie de búsqueda del tesoro para adultos— entrando en geocache.com y encontrar tesoros escondidos mediante las coordenadas GPS.

CITA EN CASA: escoged un lugar bonito en casa o en los alrededores. Organizad un juego de pistas para que vuestra pareja encuentre el lugar, o simplemente dejadle una nota diciendo dónde os puede ir a buscar. Preparad un pícnic sorpresa para cuando os encuentre.

## REQUISITOS

»» Deberíais llevar la lista y los puntos que habéis rodeado con un círculo, así como las tres cosas que os gustaría probar primero. Tenéis que estar dispuestos a comentar los puntos que habéis marcado y cómo os gustaría jugar, o las cosas que os parecerían divertidas. Mirad qué puntos habéis marcado los dos. Esas son las actividades donde se entrecruzan vuestros intereses sobre el juego y la aventura. Si no hay coincidencias, recordad que una parte del juego y la aventura consiste en adentrarse en lo desconocido. ¿Cuál de los puntos que tu pareja cree que sería divertido estás dispuesto a probar?

## SOLUCIÓN DE PROBLEMAS

»» Mantén la mente abierta ante las ideas de juego y aventura de tu pareja.

»» Recuerda que la aventura implica explorar lo desconocido y salir de tu zona de confort. No minimices los miedos, pero procura no ceder tampoco ante ellos.

»» Pregúntale a tu pareja por qué sus ideas sobre el juego y la aventura son importantes y significativas para ella.

- No intentes obligar a tu pareja a hacer lo que tú quieres ni a vivir la aventura tal como tú la entiendes.
- Observa la excitación de tu pareja mientras describe las aventuras que desea tener.
- No critiques ni juzgues a tu pareja por jugar de una manera diferente de la tuya.
- Haz un acto de fe y lánzate a lo desconocido.

## PREGUNTAS ABIERTAS PARA VUESTRA CONVERSACIÓN

Después de repasar y analizar vuestras listas, haceos las siguientes preguntas:

- ¿Qué significa la aventura y el juego para ti?
- ¿Cómo te gustaba jugar en tu niñez?
- ¿Cuál es el momento más divertido que has pasado jugando en los últimos años?
- ¿Cómo crees que podríamos divertirnos más?
- Cuéntame una aventura de tu pasado.
- ¿Qué es lo más aventurero que has hecho últimamente?
- ¿Qué es lo que te tiene más ilusionado y estás deseando hacer ahora mismo?
- ¿Cuál es la aventura de un día que nos imaginas teniendo juntos?
- ¿Qué aventuras quieres vivir antes de morirte?

## REAFIRMAR NUESTRO FUTURO JUNTOS

Leeos el uno al otro esta declaración. Miraos a los ojos mientras lo hacéis.

»«

Me comprometo a jugar y a vivir juntos una aventura en los próximos quince días de las tres formas siguientes, y a convertir el juego en una parte de nuestra vida cotidiana a partir de ahora:

1. ______________________________

2. ______________________________

3. ______________________________

# Notas

CITA

7

# Algo en que creer

## CRECIMIENTO Y ESPIRITUALIDAD

Nosotros nos conocimos muy jóvenes —dice Erica—. Jake tenía dieciocho años, y yo, dieciséis. Todo el mundo decía que era imposible que fuéramos a seguir juntos: «Nadie se queda con su primer amor, nunca funciona». No podría decirte la cantidad de veces que he oído decir eso.

Hoy en día, Jake y Erica tienen treinta y dos y treinta.

—He estado con ella casi la mitad de mi vida —comenta Jake—. Yo era un gamberro cuando nos conocimos. Engreído por fuera, pero totalmente inseguro por dentro. Ahora soy una persona completamente distinta. Y ella estuvo a mi lado durante todo el proceso.

—No eres completamente distinto —objeta Erica—. Has cambiado mucho, sí, pero la persona en la que te has convertido es la que yo veía por debajo de todo ese engreimiento.

Jake y Erica llevan casados seis años.

—Somos como personas jóvenes viejas —dice Erica—. Lo hemos pasado todo. Ni siquiera puedo imaginar cómo va a ser el resto de nuestra vida, pero creo que haber superado al principio esos cambios tan profundos significa que no vamos a sorprendernos más tarde cuando uno de los dos quiera hacer una locura o convertirse en monje o largarse solo a ver mundo.

—No somos los que éramos cuando empezamos a salir, y sabemos que no seremos los mismos dentro de cinco años —añade Jake—. Es excitante observar en qué nos transformamos cada uno, apoyarse mutuamente mientras crecemos y cambiamos. Estamos en un proceso constante de conocernos a nosotros mismos y de conocernos el uno al otro de nuevo.

Cuando Erika le conoció, Jake era la quintaesencia del «chico malo».

—Tenía antecedentes en el registro de menores. Odiaba la

autoridad. En cierto modo, era como un niño perdido, y estaba furioso con el mundo. No era como ninguno de los chicos con los que yo había salido y, por supuesto, mis padres lo detestaban y trataban de separarnos, pero eso me lo hacía aún más interesante. Ahora lo quieren, pero les costó mucho tiempo convencerse. Años y años. Ahora mi padre le llama para pedirle consejo. Es demencial cómo cambian todas nuestras relaciones cuando nosotros cambiamos.

**LAS RELACIONES PUEDEN SER ALGO MÁS QUE DOS INDIVIDUOS QUE SE UNEN: PUEDEN CONVERTIRSE EN HISTORIAS DE TRANSFORMACIÓN Y CONSTITUIR UNA GRAN CONTRIBUCIÓN Y UNA APORTACIÓN DE SENTIDO AL MUNDO.**

Jake lleva diez años sin beber, después de tener problemas con el alcohol y las drogas recreativas.

—Tuve que mirarme a mí mismo. Necesitaba encontrar un objetivo y un sentido en mi vida, porque lo único que tenía era la rabia, el alcohol y la marihuana. Cuando dejé todo eso, no sabía quién era. Fui a terapia y al programa de Doce Pasos. Contacté con un poder superior, que no es Dios, pero es divino, supongo. Ahora soy una persona espiritual. Empecé a rezar y meditar, pero a mí me gusta pensar que es como hablar con el universo y escucharlo. En realidad, no importa si eso es Dios o no. Lo único que importa es que tengo conmigo a un poder superior y lo que llamo un yo superior. Por detrás de todo aquel engreimiento, a mí me daba miedo la vida. Si Erika no me hubiera dado una especie de ultimátum cuando cumplí veintiuno, probablemente me habría perdido gran parte de lo que la vida puede ofrecer. Desde luego me habría perdido la posibilidad de estar con ella, y nunca habría emprendido mi trabajo con chicos en situación de riesgo. Yo no era el tipo de persona para orientar a nadie. Ahora puedo decir sinceramente que soy una persona espiritual, y que mi trabajo es importante para los demás. Sin duda, aquella no era la persona con la que ella empezó a salir.

Erica dice que al principio resultó duro confiar en el nuevo Jake:

—No estaba segura de quién era la persona real. ¿Era el chico sobrio, considerado e introspectivo que estaba siempre ayudando a otra gente? ¿O era el chico engreído que estaba siempre descontrolado y viviendo el momento? Yo me enamoré de los dos Jakes —dice—. Cambió tanto desde los veintiuno a los veinticinco que empecé a preguntarme si me acabaría sobrepasando. Él fue realmente una inspiración para mí, me hizo mirar lo que era importante de verdad en mi vida y en mi trabajo. Tuvimos muchísimas conversaciones sobre cómo queríamos vivir esta única vida que nos ha sido dada, y eso nos acercó mucho más. Cuando nos casamos, un amigo se encargó de la ceremonia, y nosotros prometimos aceptar siempre a la otra persona tal como fuera. Es como nuestra declaración de principios y nos da permiso para probar cosas nuevas, para ensayar distintas formas de identificarnos con nosotros mismos. Yo empecé a meditar por Jake. Incluso fui a un retiro silencioso de meditación de diez días: sin hablar, escribir ni leer siquiera durante diez días. Tuve que enfrentarme a todo el barullo de pensamientos que tenía en la cabeza, a todas mis inseguridades y dudas sobre mí misma. Fue algo increíble. Decidí dejar mi trabajo de marketing: un trabajo que yo fingía que me encantaba porque era en una gran compañía tecnológica. Eso implicaba renunciar a un montón de dinero. Decidí dedicarme al arte. Empecé a pintar. Y Jake me apoyó porque era algo importante para mí. Nos mudamos a un pequeño estudio. Dejamos el servicio de cable. Cambiamos muchas cosas y discutimos cada paso que dábamos. Siento que los dos juntos somos una fuerza enorme, y nada de lo que hagamos o en lo que nos convirtamos cada uno impedirá que el otro le preste su apoyo. Eso hace interesante nuestra vida. No queremos tener hijos, así que vamos a ser solo nosotros dos explorando esta vida tan loca y todo lo que puede significar.

—Es algo profundo —dice Jake—. No hay otra forma de explicarlo. La vida y la espiritualidad y el hecho de crecer y cambiar se han convertido en una aventura excitante para nosotros.

—Una vida mejor que nunca —añade Erica—. No tenemos dinero, pero yo no creo que el dinero pudiera acercarse siquiera a lo que ahora tenemos. Tenemos sentido. Y eso lo es todo.

Cuando una pareja puede crecer y cambiar y adaptar su crecimiento a la otra persona, suceden cosas asombrosas. La suma resulta mayor que las partes, y las relaciones pueden ser algo más que dos individuos que se unen: pueden convertirse en historias de transformación y constituir una gran contribución y una aportación de sentido al mundo.

## CREAR UN SENTIDO COMPARTIDO

En toda relación, como en la vida misma, lo único constante es el cambio. La clave es cómo cada miembro de la pareja se adapta al crecimiento del otro. La gente crece en las relaciones al encontrarse con una mente diferente de la suya. Nuestra pareja no ve el mundo igual ni tiene las mismas necesidades. No cabe duda de que el cambio espiritual, como el de cualquier tipo, puede constituir una fuente de conflicto. Pero el conflicto en las relaciones es la forma que tenemos de crecer, y debemos acogerlo como una oportunidad para aprender cómo amarnos mejor mutuamente y cómo comprender a esa otra persona con una mente diferente de la nuestra. Cuando alcanzamos esa comprensión, se produce a la vez un crecimiento individual y un crecimiento de la relación.

Esta es la lección clave para un amor que dure toda la vida.

El objetivo no es intentar hacer que tu pareja sea como tú. El objetivo es aprender de ella y beneficiarse de los aspectos en los que sois diferentes.

La vida puede ser difícil. Las relaciones pueden ser complicadas.

Creáis sentido cuando os enfrentáis de forma conjunta a cada inevitable dificultad de la vida, y avanzáis y crecéis a través de la adversidad.

Cuando creáis sentido a partir de las dificultades, os mantenéis unidos.

La investigación sobre parejas casadas muestra que, si una pareja considera sagrada su unión, tiene una relación mejor. En la misma línea, otro estudio demostró que cuando la gente creía que el sexo entre ellos era sagrado, o estaba santificado por su religión, disfrutaba de más sexo, de mejor sexo y de un sexo de mayor duración, además de tener un grado más alto de satisfacción conyugal.

Es interesante observar que una diferencia de creencias religiosas no es una gran causa de conflicto marital. Según Pew Research, las creencias religiosas compartidas son menos importantes que los intereses comunes, el buen sexo y el reparto de las tareas del hogar. Cuanto más sentido compartido podáis encontrar o crear, más profunda, rica y gratificante será vuestra relación.

¿Y cómo creamos sentido en nuestra relación? ¿Cómo llegamos a considerar sagrada la relación? Lo hacemos creando un sentido compartido e instaurando nuestros propios rituales de conexión.

Los rituales que creáis en vuestra vida juntos son importantes y os mantendrán conectados. Uno de los rituales que esperamos que instauréis, naturalmente, es la noche de cita semanal. También podéis crear minirrituales para cuando os despedís y volvéis a encontraros, como el beso de seis segundos. Pensad de qué maneras podéis celebrar las victorias mayores y menores de la vida. ¿Qué resultaría especial para vosotros? Pensad cómo podéis crear rituales en torno a la pérdida, los reveses, la mala suerte o la fatiga. ¿Cómo podéis apoyaros el uno al otro del mejor modo posible? Pensad en rituales comunitarios con amigos y en rituales para cumpleaños y otras celebraciones. Las maneras de crear sentido compartido para que conectéis como pareja son casi inagotables. Sed creativos y auténticos frente a aquello que tiene más sentido para cada uno. Comentar cómo ha ido la jornada puede ser un ritual de conexión. Tratad con delicadeza de averiguar qué es lo que estresa o asusta a la otra persona. Crear un espacio para compartir vuestro mundo interior es un ritual de conexión. Cada vez que estáis juntos, e incluso cuando no lo estáis, tenéis una oportunidad de honrar todo lo que hay de sagrado en vuestra relación (sea cual sea vuestra forma de definirlo).

## CRECER Y CAMBIAR

Aceptáis el crecimiento y el cambio en una relación al permitir que vuestra pareja pueda explicaros con tranquilidad cosas insólitas y al afrontar con verdadera curiosidad el crecimiento que está experimentando. Cuando crecen los individuos, crecen las relaciones. Cuando los individuos se transforman, las relaciones se transforman.

*Ejercicio:*

## CUESTIONARIO DE SENTIDO COMPARTIDO

Para haceros una idea de lo bien que creáis un espacio de sentido compartido en vuestra vida juntos, responded a las siguientes preguntas de verdadero o falso. Si alguna pregunta no encaja en vuestro caso (por ejemplo, sobre familia e hijos, y vosotros no tenéis hijos, o sobre el hecho de vivir juntos, y vosotros no vivís juntos), saltáosla, adaptadla a vuestra situación particular (la hora de la cena con solo vosotros dos) o recordadla para una conversación futura.

### VUESTROS RITUALES DE CONEXIÓN

» En casa, coincidimos en nuestros rituales para la cena en familia. ☐ V ☐ F

» Las comidas de las festividades (Acción de Gracias, Navidades, Pascua) son momentos muy especiales y felices para nosotros (o ambos las detestamos). ☐ V ☐ F

» Los encuentros al final de la jornada laboral en nuestro hogar suelen ser momentos especiales. ☐ V ☐ F

» Coincidimos en el papel de la televisión en casa. ☐ V ☐ F

» La hora de acostarse suele ser un buen momento para estar cerca. ☐ V ☐ F

» Durante los fines de semana hacemos cosas que valoramos y disfrutamos, tanto juntos como por separado. ☐ V ☐ F

» Tenemos intenciones y deseos similares para divertirnos en casa (invitar a amigos, fiestas, etc.). ☐ V ☐ F

» Ambos valoramos, o detestamos, las celebraciones especiales (como cumpleaños, aniversarios, reuniones familiares). ☐ V ☐ F

- Cuando estoy enfermo, me siento cuidado y querido por mi pareja. ☐ V ☐ F
- Estoy deseando disfrutar de las vacaciones y del viaje que vamos a hacer juntos. ☐ V ☐ F
- Pasar un rato juntos por la mañana es algo especial para nosotros. ☐ V ☐ F
- Cuando vamos a hacer recados juntos, solemos pasárnoslo bien. ☐ V ☐ F
- Tenemos formas peculiares y concretas de renovarnos juntos cuando estamos quemados o fatigados. ☐ V ☐ F

Después de responder a las preguntas anteriores, sobre todo si habéis respondido «verdadero» pocas veces, cread vuestros propios rituales de conexión comentando las siguientes preguntas:

- Cuando cenamos juntos, ¿cómo podemos hacer que ese momento sea algo especial para nosotros? ¿Cuál es el sentido de la hora de la cena? ¿Cómo eran las cenas en cada una de nuestras familias mientras crecíamos?
- ¿Cómo deberíamos separarnos al principio de cada jornada? ¿Cómo era ese momento en nuestras familias? ¿Cómo deberían ser nuestros reencuentros?
- ¿Cómo debería ser el momento de acostarse para nosotros? ¿Cómo era en nuestras familias?
- ¿Qué significan los fines de semana para cada uno de nosotros? ¿Cómo eran en nuestras familias? ¿Cómo podemos hacer que tengan más significado?
- ¿Cómo eran las vacaciones en nuestras familias? ¿Cómo queremos que sean nuestras vacaciones?
- Si pensamos en una festividad especial, ¿cuál es el verdadero significado de esa festividad para nosotros? ¿Cómo deberíamos

celebrarla este año? ¿Cómo se celebraba en nuestras familias mientras crecíamos?

- ¿Cómo conseguimos renovarnos cada uno? ¿Qué es lo que hace significativos estos rituales para nosotros?
- ¿Qué rituales tenemos cuando alguien está enfermo? ¿Cuáles eran en nuestras familias mientras crecíamos? ¿Cómo nos gustaría que fueran en la nuestra?

*Ejercicio*

# CUESTIONARIO DE OBJETIVOS COMPARTIDOS

Los dos tenéis objetivos propios y para vuestra relación. Pueden constituir indicios de cómo podríais cambiar. Pueden ser prácticos o profundamente espirituales. A veces son capaces de entrar en vuestros sueños vitales, de los que hablaremos en el próximo capítulo. Por ahora, vais a explorar el sentido de esos objetivos en vuestra vida individual y vuestra relación. Responded, por favor, a las siguientes preguntas de verdadero o falso. Si una pregunta no encaja con vosotros, saltadla, adaptadla a vuestra situación particular o mantenedla en la mente para analizarla más adelante.

## VUESTROS OBJETIVOS

- Compartimos muchos objetivos iguales en nuestra vida conjunta. ☐ V ☐ F
- Si tuviera que mirar atrás cuando sea muy viejo, creo que vería que nuestros caminos se han conjugado muy bien. ☐ V ☐ F
- Mi pareja valora mis logros. ☐ V ☐ F
- Mi pareja respeta mis objetivos personales no vinculados con nuestra relación. ☐ V ☐ F
- Compartimos muchos objetivos iguales respecto a las personas que son importantes para nosotros (hijos, parientes, amigos, la comunidad). ☐ V ☐ F
- Tenemos objetivos financieros similares. ☐ V ☐ F
- Tendemos a tener inquietudes compatibles sobre posibles desastres financieros. ☐ V ☐ F
- Nuestros sueños vitales tienden a ser similares o compatibles. ☐ V ☐ F

- Nuestras esperanzas y aspiraciones, individuales y conjuntas, respecto a nuestros hijos, a nuestra vida en general y a la vejez, son compatibles. ☐ V ☐ F
- Incluso cuando son diferentes, hemos logrado encontrar el modo de respetar nuestros sueños vitales. ☐ V ☐ F

Después de contestar las preguntas anteriores, sobre todo si habéis respondido «verdadero» pocas veces, analizad, por favor, vuestros objetivos y su sentido comentando las siguientes preguntas:

- Escribe tu propio elogio fúnebre. ¿Qué te gustaría que dijera? ¿Por qué cualidades o logros te gustaría ser recordado principalmente en el momento de tu muerte?
- ¿Cuáles son tus objetivos en la vida, para ti, para tu pareja y para tus hijos (si los tienes)? ¿Qué quieres conseguir en los próximos cinco o diez años?
- Con frecuencia llenamos nuestro tiempo con cosas que exigen atención inmediata: apagando fuegos, por así decirlo. Pero ¿cuáles son las cosas importantes en tu vida que constituyen realmente una gran fuente de energía y de placer para las que deberías reservar un tiempo y que no dejas de aplazar o relegar?
- ¿Cuál es papel de la espiritualidad o la religión en tu vida? ¿Cuál era su papel en tu familia mientras crecías? ¿Cuál te gustaría que fuera ahora o en el futuro?

Como individuos, ambos creceréis y cambiaréis durante el curso de vuestra relación. Vuestras creencias individuales y vuestras prácticas en el terreno de la espiritualidad y la religión no son tan importantes como considerar algo sagrado, espiritual y preñado de sentido vuestra relación y los rituales y objetivos que creáis juntos.

*Cita rápida*

## RESUMEN DEL CAPÍTULO

- » Lo único constante en una relación es el cambio.
- » La clave está en cómo se adapta cada miembro de la pareja al crecimiento del otro.
- » Cuando una pareja puede cambiar y crecer y adaptarse al crecimiento de la otra persona, ocurren cosas asombrosas.
- » Las relaciones pueden ser algo más que dos individuos que se unen: pueden ser historias de transformación y constituir una gran contribución y una aportación de sentido al mundo.
- » Cuando creáis sentido a partir de las dificultades que afrontáis juntos, os mantenéis unidos.
- » La investigación muestra que, si una pareja considera sagrada su unión, tiene una relación mejor.
- » Cuando los individuos crecen, las relaciones crecen. Cuando los individuos se transforman, las relaciones se transforman.
- » Crear un sentido compartido y rituales de conexión es una forma de práctica espiritual en vuestra relación.

# La cita: CRECIMIENTO Y ESPIRITUALIDAD

## TEMA DE CONVERSACIÓN

››› ¿Cómo hemos crecido y cambiado en la relación? ¿Qué significa la espiritualidad para cada uno de nosotros y cómo la manifestamos?

## PREPARACIÓN

››› Pensad en lo que el crecimiento, el cambio y la espiritualidad significan en vuestra vida. Si no lo habéis hecho aún, responded a los cuestionarios de verdadero o falso y a las preguntas acerca de vuestros rituales de conexión y vuestros objetivos. Reflexionad sobre lo que habéis leído en este capítulo y acerca de cualquier idea que os haya suscitado respecto a la espiritualidad o la religión en vuestro caso. Pensad en los rituales que tenéis o que os gustaría tener en vuestra relación. Pensad en cómo habéis cambiado cada uno con el tiempo. Pensad en cómo os habéis transformado individualmente y en cómo vuestra propia transformación ha cambiado la relación.

## LUGAR

››› Para esta cita, debéis ir a un sitio que ambos consideréis bonito y sagrado. Puede ser un lugar cerrado o al aire libre. Puede ser en vuestro centro de culto: frente al templo, mezquita, sinagoga o iglesia que frecuentáis. Considerad la posibilidad de celebrar la cita en un centro zen o en otra institución espiritual que os quede cerca.

## SUGERENCIAS

››› El objetivo es honrar a vuestra pareja de algún modo. Una forma posible es un homenaje. Eso podría hacerse con un vídeo de celebración o incluso con una pequeña representación de vuestro amor que podéis llevar a cabo en casa o en el patio. Empezad por una foto preferida de vuestra pareja. Juntad unos cuantos objetos que os la recuerden y colocadlos alrededor de la foto. Sed cuidadosos con los objetos que escogéis. Que sean cosas que tengan un sentido compartido entre vosotros.

**CITA EN CASA**: si decidís montar un homenaje para cada uno, celebrad la cita delante de esos objetos que habéis reunido. Empezad con cinco minutos de silencio. Si tenéis experiencia en meditación, podéis meditar. Si rezáis, empezad con cinco minutos de oración. Considerad esta cita como algo sagrado y lleno de sentido.

## REQUISITOS

» Deberíais llevar los cuestionarios y las respuestas a las preguntas sobre rituales y objetivos de este capítulo. Estad dispuestos a analizar juntos vuestras respuestas a las preguntas de verdadero o falso.

## SOLUCIÓN DE PROBLEMAS

- Sed humildes y curiosos respecto a la idea que tiene vuestra pareja sobre el crecimiento y la espiritualidad.
- Mantened la mente abierta y absteneos de juzgar a vuestra pareja.
- Haced preguntas antes de dar por supuesto que lo habéis entendido.
- Si os sentís amenazados o asustados por lo que vuestra pareja dice, comunicadle que estáis inquietos, en lugar de hacer que se detenga porque tenéis miedo.
- Recordad que no hay nada correcto o incorrecto, y anteponed siempre la felicidad y la comprensión al deseo de tener razón.

## PREGUNTAS ABIERTAS PARA VUESTRA CONVERSACIÓN

Después de repasar y analizar vuestros ejercicios, haceos el uno al otro las siguientes preguntas:

- En tu niñez, ¿cómo honraba tu familia las cosas sagradas? ¿O no lo hacían? ¿Y cómo te sentías tú al respecto? ¿Eran religiosos? En caso afirmativo, ¿cómo practicaban la religión?

- ¿Qué consideras sagrado, y por qué?
- ¿Qué es lo que te sostiene en los momentos más difíciles?
- ¿Cómo encuentras un sentimiento de paz en tu interior? ¿Cuál es para ti la fuente de paz?
- ¿Cómo han cambiado tu espiritualidad o tus creencias religiosas en el curso de tu vida?
- ¿Cómo crees que has crecido más? ¿En qué aspectos?
- ¿En qué década creciste más y cómo cambiaste?
- ¿Qué creencias religiosas quieres transmitirles a nuestros hijos (si los tenéis o planeáis tenerlos)?
- ¿Cómo puedo ayudarte en tu camino personal?
- ¿Qué piensas de la posibilidad de intentar evolucionar interiormente o de hacer cosas para tu desarrollo y crecimiento personal?

## REAFIRMAR NUESTRO FUTURO JUNTOS

Leeos el uno al otro esta declaración. Miraos a los ojos mientras lo hacéis.

»› «‹

Me comprometo a crecer y aprender juntos, y a buscar un sentido compartido en nuestra relación. También me comprometo a crear los tres rituales de conexión siguientes:

1. ______________________________
2. ______________________________
3. ______________________________

# Notas

CITA

»» 8 ««

# Toda una vida de amor

SUEÑOS

A Keisha y Alex les cuesta hablar de sus sueños.

—¿Cómo separamos los sueños del trabajo? Desde luego, a mí me gustaría ser pintor —dice Alex—, pero las facturas hay que pagarlas. ¿Cuántos artistas pueden mantener a una familia? ¿Cuánta gente puede realmente ganarse la vida siguiendo sus sueños? Todo este tema me resulta más bien incómodo.

Keisha cuestiona un poco estas ideas.

—Pero tú no puedes renunciar a tus sueños. Si tienes claro que quieres ser pintor, yo puedo ayudarte a encontrar tiempo para ello. Puedo encargarme yo misma de hacer los recados el domingo, y tú puedes pintar. Si yo no sé cuál es tu sueño, ¿cómo voy a ayudarte? Tal vez podemos empezar modestamente. Presentando tus cuadros en cafés o sitios así. Yo podría escribir un pequeño comentario sobre cada cuadro.

—Quizá podría dedicar un par de horas cada domingo por la mañana. Tal vez se me dé fatal. Hace años que no pinto.

—Si significa algo para ti, yo quiero apoyarte —dice Keisha—. Somos un equipo

—¿Y tú? ¿Cuál es tu sueño?

—No lo sé. —Keisha se detiene a pensar unos minutos—. Creo que me gustaría visitar el Machu Pichu algún día. Siempre ha sido uno de mis sueños. Hay algo en ese lugar que me atrae de verdad. Y me gustaría también hacer algún deporte de competición. No he estado en un equipo desde secundaria, y yo era una buena deportista. A lo mejor puedo apuntarme a una liga de fútbol. Ese es uno de mis sueños, junto con la idea de estar otra vez en forma. Cuesta encontrar el tiempo trabajando como trabajamos tantas horas.

—¿Lo ves? —dice Alex—. El trabajo acaba con los sueños.

—Bueno, nadie va a pagarme por mantenerme en forma o jugar al fútbol. Pero busquemos el modo de dedicar un tiempo a perseguir nuestros sueños. Resulta excitante pensarlo.

Como hemos comentado antes, no hay duda de que el trabajo consume una gran parte del tiempo y la energía. Si vives al día, o estás pagando un préstamo universitario, o siguiendo una carrera profesional exigente, es muy fácil dejar de lado los grandes sueños de tu vida. Ya tenemos un compromiso con nuestra pareja y con nuestro trabajo, y puede parecer que comprometernos a perseguir un sueño representa hacer malabarismos con demasiados compromisos.

**CADA AÑO, AMBOS IMAGINAN Y REINVENTAN SU FUTURO.**

Pero los sueños son importantes: vuestros propios sueños y los de vuestra pareja. Y también los sueños que tenéis juntos. Soñar juntos, y apoyaros mutuamente en vuestros sueños individuales, es algo tan crucial para vuestra relación como la confianza, el compromiso y el sexo.

Al año siguiente de aquella desastrosa luna de miel anual durante la que John trabajó dieciséis horas diarias, él y Julie salieron de nuevo a celebrar otra luna de miel en el mes de julio. Esta vez, John dejó todos sus libros en casa. Ambos se dedicaron a navegar en kayak y se centraron el uno en el otro con el propósito deliberado de hablar de su vida y sus sueños. Se preguntaron mutuamente cómo podían respetar sus sueños respectivos. Se escucharon. Tomaron notas.

Aunque ellos viven y trabajan juntos, todavía tenían cosas que descubrir y preguntas que hacerse el uno al otro.

- ¿Cómo crees que cambiará tu trabajo en el futuro?
- ¿Qué encuentras excitante en tu vida ahora mismo?
- ¿Cuáles son tus grandes inquietudes sobre el futuro?
- ¿Cómo crees que podríamos divertirnos más?
- ¿Qué cosas echas de menos en tu vida?

Ha sido planteándose estas preguntas año tras año, luna de miel tras luna de miel, como han conseguido un matrimonio tan satisfactorio y duradero. Esa es la clave de este libro y el núcleo de lo que ambos han aprendido tanto profesional como personalmente: hacerse estas preguntas es el ingrediente secreto para alcanzar toda una vida de amor. El hecho de que John le preguntara a Julie por sus sueños fue el detonante de que ella le hablara de su deseo de ir al Everest. Que Julie le preguntara a John por los suyos hizo que él le explicara su deseo de dirigir un instituto de investigación, y que ambos construyeran el Relationship Research Institute. Julie se sumó al sueño de John diciéndole que ella soñaba con la idea de ayudar a parejas con problemas de todo el mundo, y así ayudar a sus hijos. Ese sueño se convirtió en el Gottman Institute.

Cada año, ambos imaginan y reinventan su futuro.

Soñar juntos es una de las cosas más profundas que podéis hacer en una relación. Y respetar los sueños de vuestra pareja es una forma muy potente de manifestar que os importa, porque demuestra un profundo amor. Vale, ambos sois leales el uno con el otro, pero ¿podéis ser leales con lo que es más importante y sagrado para el otro? Cuando respetáis y apoyáis los sueños de la otra persona, todo lo demás se vuelve más fácil en la relación, porque cada uno se siente apoyado en el proyecto de convertirse en lo que necesita y quiere ser.

Todo el mundo tiene un sueño o una meta en la vida, y debéis estar firmemente decididos a no sacrificar esos sueños ante vuestra lista de tareas diarias, vuestro trabajo, vuestra familia e incluso vuestra relación.

Para Alex, ahora mismo, ese sueño es seguir pintando y llegar a ganarse la vida algún día con sus cuadros. Que lo consiga o no, solo el tiempo lo dirá. Lo más importante es que Keisha le apoya en su sueño, aun cuando le inquiete cómo van a pagar las facturas o cómo podrán formar una familia.

## APOYARSE POR TURNOS

Doug y Rachel estaban locamente enamorados. Se pasaban despiertos noches enteras, absortos el uno en el otro, contemplando su mutuo amor. Su relación era nueva. No soportaban estar separados. Y entonces Doug lanzó la bomba: «Quiero ir un año a Israel. Es algo muy importante para mí. Siento la necesidad de explorar mis raíces».

Rachel estaba sorprendida, pero le dijo que, si era eso lo que deseaba, debía hacerlo.

—Yo no iba a interponerme en algo que era tan importante para él. Un año es mucho tiempo cuando una relación es nueva. Pero yo sabía que aquel era su sueño. Sabía que no tenía nada que ver conmigo.

El tiempo que pasaron separados fue duro, pero cuando él volvió y le dijo que su nuevo sueño era trasladarse a Nueva York para hacer carrera en el mundo de la publicidad, ella estaba empezando en la Facultad de Medicina, a cinco mil kilómetros de la Gran Manzana.

—En ese momento —dice Doug—, tuvimos que hablar de nuestros sueños respectivos, porque nos estaban separando geográficamente a una gran distancia y yo temía que acabaran separándonos también emocionalmente.

Doug decidió abandonar la idea de Nueva York y trasladarse a donde Rachel estaba estudiando, para reducir sus horas de trabajo y ejercer como figura parental primaria.

—En último término, decidimos que nuestra relación, con todo su potencial, era el sueño más importante para nosotros.

Treinta y un años más tarde, Rachel dice que el hecho de que él respetara sus sueños ha sido la forma más espectacular que Doug ha tenido de hacer que se sintiera querida.

—Lo que aprendimos —dice— es que puedes estar en una relación y que cada uno puede hacer realidad sus sueños. Pero que no es posible hacerlo al mismo tiempo. Hemos aprendido a turnarnos y a apoyarnos mutuamente, pase lo que pase.

**EL OBJETIVO ES ESTAR EN UNA RELACIÓN Y SEGUIR MANTENIENDO TUS SUEÑOS.**

Cuando Rachel quiso tener otro hijo y acabó dando a luz a unos gemelos, Doug estuvo dispuesto a coger dos empleos e invertir muchas horas diarias en desplazamientos para apoyarla en su sueño de tener una familia (la madre de Rachel se fue a vivir con ellos seis meses para echar una mano con los gemelos recién nacidos). Cuando Doug quiso dejar la empresa de publicidad en la que trabajaba para abrir su propia agencia literaria y ayudar a autores visionarios a crear un mundo más sabio, más sano y más justo, Rachel le apoyó, aunque no existía ninguna referencia de cómo podría ser una agencia literaria semejante, y no tenían ni idea de si resultaría un éxito. Ella estuvo dispuesta a hacer horas extra en un centro de urgencias para que Doug pudiera perseguir su sueño hasta que la agencia estuviera montada y en funcionamiento.

Cuando Rachel quiso dejar su empleo estable y renunciar a un sueldo seguro para abrir su propia clínica, Doug la apoyó: otra decisión arriesgada para ellos desde el punto de vista económico. Cuando ella finalmente cerró esa clínica porque era algo demasiado grande y difícil de manejar, él no la animó a volver a atender pacientes cada diez minutos en un centro médico tradicional, porque sabía que eso le partiría el corazón y la dañaría profundamente. Por el contrario, la animó a volver a intentarlo, y ella lo hizo. Con más inteligencia y experiencia, creó una próspera consulta médica que la llena de verdad.

Cuando Doug quiso realizar el sueño de toda su vida de escribir una novela, Rachel le apoyó, aunque eso implicara que él se acostara tarde y se levantara temprano para escribir. Incluso aunque le quitara fines de semana en familia. Decidieron cuál era el mínimo imprescindible con el que podían seguir viviendo mientras cada uno perseguía sus sueños, porque sabían que realizar esos sueños era más importante que tener una gran casa o un coche impresionante. Doug y Rachel siempre han sentido que su tarea primordial en su matrimonio, incluso más que satisfacer sus propias necesidades, era apoyarse mutuamente para poner sus capacidades al servicio de los demás y volcarse en todo aquello a lo que se sintieran llamados a contribuir. En resumen, se fueron turnando, y se sacrificaron y apoyaron el uno al otro para realizar sus sueños personales y los sueños colectivos en los que deseaban colaborar.

Todo el mundo hace sacrificios, pero no puedes renunciar a tus sueños. Ni tampoco reprimirlos. Eso puede provocar amargura, resentimiento, una pérdida de pasión y deseo, y generar una enorme distancia en una relación. Como pareja, debemos ayudarnos el uno al otro a encontrar la forma de canalizar y perseguir nuestros sueños, tanto vocacionales como recreativos. Así se mantiene la pasión, la energía y la vivacidad de cada uno.

Y nadie quiere una pareja que solo esté viva a medias. El objetivo es tener una relación y seguir manteniendo tus sueños. Perseguir tus sueños. Y compartirlos con tu pareja.

## CONVERTIRSE EN UN *DREAM TEAM*

Tu pareja tiene sueños que no conoces, y lo cierto es que algunos de nuestros sueños más profundos hunden sus raíces en la infancia. Los sueños que tenéis tú y tu pareja pueden ser lo que nosotros llamamos sueños «profundos». Los más comunes que hemos encontrado en nuestro trabajo figuran en el ejercicio que viene a continuación.

Cada uno de tus sueños «profundos» es importante y hermoso, y debes compartirlo con tu pareja. Si tu sueño es el viaje y la aventura, y el de tu pareja es un viaje espiritual, puede ser que vuestros sueños estén alineados (un viaje los dos juntos a Jerusalén o la India, o a algún otro lugar sagrado) o puede que entren en conflicto. Lo más importante y decisivo en cuanto a los sueños es no ocultarlos. Si tu sueño es ser más poderoso, cuéntaselo a tu pareja. Si tu sueño es crear algo importante, háblalo con tu pareja.

Cuando ocultamos nuestros sueños, tanto si son grandes como si son pequeños, ocultamos la parte más importante de nosotros mismos. Bloqueamos la intimidad y la conexión. Un sueño es algo que anhelas, y si no compartes ese anhelo, o ni siquiera permites que tu pareja lo conozca, surgirá un conflicto. El sueño no desaparece cuando lo reprimimos. Está en nuestro interior y se hará sentir en forma de conflicto, con frecuencia con el aspecto de esos conflictos serios que entran, como nosotros decimos, en un punto muerto. La mejor manera de evitar este tipo de conflicto es ser abiertos y sinceros acerca de nuestros sueños, tanto grandes como pequeños; y respetar los sueños de nuestra pareja, incluso cuando son diferentes de los nuestros. Si tu pareja sueña con escalar el Everest, no hables de la cantidad de tiempo y dinero que costará. Aborda con curiosidad los motivos que tiene para soñarlo. Pregúntale qué significa para ella ese sueño. Pregúntale cómo se sentirá cuando lo haya realizado. Hay una historia detrás de cada uno de tus sueños y de los suyos.

Escuchad vuestras historias.

Soñad juntos.

Imaginad juntos.

Juntos podéis volver posible cualquier sueño imposible.

El mundo necesita que realicéis vuestros sueños. En nuestros sueños encontramos las mayores alegrías y descubrimos las capacidades únicas que podemos compartir con los demás.

*Ejercicio*

## SUEÑOS GRANDES Y PEQUEÑOS

Lee esta lista de sueños para ver si coinciden con tus sueños más profundos, o te incitan a pensar en un sueño que tienes o desencadenan tal vez un sueño que habías olvidado.

1. Rodea con un círculo los sueños de la lista que coinciden con los tuyos o anota tus propios sueños en los espacios en blanco. Debes estar dispuesto a comentar esta lista con tu pareja durante la cita.

2. En el diagrama de la página 255, anota un sueño tuyo (o un máximo de tres) en el círculo central (sueño 1). Debería tratarse del sueño que más te importa. En el círculo intermedio (sueño 2) pon un sueño que sea importante para ti, pero no tanto como el anterior. En el círculo exterior (sueño 3) pon un sueño que sería estupendo realizar, pero del que podrías prescindir. Entre los sueños siguientes marca los tres que sean más importantes para ti.

   - Tener más libertad.
   - Sentir paz.
   - Experimentar la unión con la naturaleza.
   - Explorar quién soy.
   - Vivir grandes aventuras.
   - Emprender un viaje espiritual.
   - Luchar por la justicia.
   - Ganar honores.
   - Sanar mi pasado.
   - Ser un sanador para otros.
   - Crear una familia.

- Desarrollar mi potencial.
- Ser poderoso e influyente.
- Envejecer dignamente.
- Explorar mi lado creativo.
- Ayudar a otros.
- Alcanzar un dominio magistral.
- Explorar una antigua parte de mí mismo que he perdido.
- Vencer un temor.
- Tener una sensación de orden.
- Ser más productivo.
- Ser capaz de relajarme de verdad.
- Reflexionar sobre mi vida.
- Terminar algo importante.
- Explorar mi faceta física o convertirme en un deportista.
- Competir y ganar.
- Viajar por el mundo.
- Enmendarme, o pedirle perdón a Dios o a otra persona.
- Crear algo importante.
- Terminar un capítulo de mi vida; despedirme de algo.
- ______________________________
- ______________________________
- ______________________________
- ______________________________

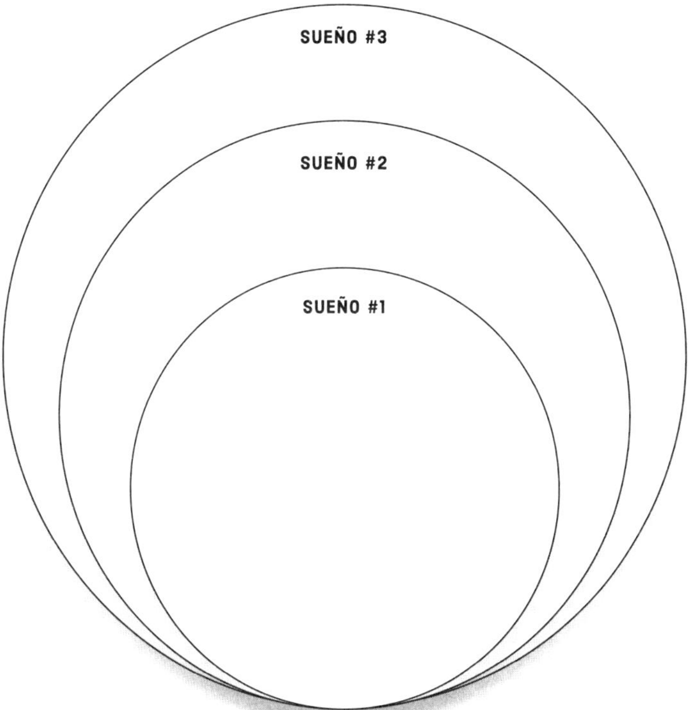
SUEÑO #3
SUEÑO #2
SUEÑO #1

*Cita rápida*

## RESUMEN DEL CAPÍTULO

- Respetar los sueños de cada uno es el ingrediente secreto para crear un amor para toda la vida.
- Vuestra relación es un sueño que tenéis para vuestra vida, pero cada uno tiene otros sueños que son importantes para vosotros como individuos.
- Podéis lograr que los sueños de cada uno se hagan realidad, pero eso raramente sucede a la vez. Quizá tengáis que hacer sacrificios.
- Respetar los sueños de vuestra pareja es una forma potente de demostrarle que la amáis.
- Cuando se respetan los sueños, el resto de la relación se vuelve más fácil.
- Todo el mundo tiene un sueño o una meta en la vida.
- Nadie debería sacrificar ese sueño o meta por su relación.
- Podéis respetar los sueños de cada uno en el caso de que no los compartáis.

# *La cita:* SUEÑOS

## TEMA DE CONVERSACIÓN

» ¿Cuáles son nuestros sueños más profundos? ¿Cómo nos ayudamos el uno al otro a realizar nuestros sueños? ¿Cómo soñamos juntos?

## PREPARACIÓN

» Reflexiona sobre lo que has leído en este capítulo y sobre cualquier idea que te haya suscitado acerca de lo que significa para ti respetar los sueños de cada uno. Completa el ejercicio y lleva los círculos con los tres sueños que has apuntado. Anota los sueños que te atraen y prepárate para contar la historia que hay detrás de cada uno de ellos y explicar cómo te sentirías si los realizaras.

## LUGAR

» Buscad un sitio que os inspire y estimule vuestros sueños. Mantened la cita al amanecer o al ponerse el sol desde un punto desde el que se vea el horizonte. Cualquier lugar con una vista bonita. Buscad un sitio que os llene de inspiración o aliente vuestras aspiraciones de algún modo.

## SUGERENCIA

» Si hay un sitio que es importante en un sueño que compartís (comprar una casa en un barrio determinado o abrir una panadería en una zona comercial), celebrad la cita en ese lugar que forma parte de vuestros sueños.

CITA EN CASA: mantened la conversación bajo las estrellas, sentados sobre una manta en la azotea o el patio trasero. Pedid un deseo a una estrella mientras habláis del sueño de cada uno.

## REQUISITOS

» Deberíais llevar vuestro ejercicio completado y los tres sueños anotados en los círculos. Si queréis, podéis llevar un papel y un lápiz para dibujar vuestros propios círculos y anotar vuestros sueños. Tenéis que estar dispuestos a comentar ambos ejercicios. Acudid a la cita con la mente y el corazón abiertos.

## SOLUCIÓN DE PROBLEMAS

- Absteneos de impugnar el sueño de vuestra pareja; no digáis que nunca se hará realidad, ni lo cuestionéis o menospreciéis.
- No os precipitéis a la hora de abordar los aspectos prácticos hasta que hayáis comprendido plenamente el sueño, porque no hay un modo más rápido de matarlo o de hacer que vuestra pareja se cierre. El sueño puede ser poco práctico, pero no lo digáis.
- Recordad que nunca se puede conocer el futuro ni saber lo que es posible.
- Plantead preguntas de calado para comprender el sueño de vuestra pareja, incluido todo aquello que le dio lugar en su infancia.
- Preguntad por el sentido subyacente de cualquier sueño.

## PREGUNTAS ABIERTAS PARA VUESTRA CONVERSACIÓN

Después de analizar el ejercicio, haceos mutuamente las siguientes preguntas:

- ¿Tenías algún sueño de niño?
- ¿Crees que tus padres realizaron sus sueños?
- ¿Te apoyaban tus padres en la realización de tus sueños infantiles?
- ¿Por qué el sueño del círculo interior es tan importante para ti?

- ¿Está relacionado de algún modo con tu infancia o tu historia?
- ¿Hay algún motivo subyacente para que quieras realizar tu sueño?
- ¿Cómo te sentirías si se realizara este sueño? ¿Y si no?
- Háblame más de los otros dos sueños.

## REAFIRMAR NUESTRO FUTURO JUNTOS

Leeos el uno al otro esta declaración. Miraos a los ojos mientras lo hacéis.

»» ««

Me comprometo a explorar y comprender
tus sueños y a hacer algo concreto para apoyar
uno de tus sueños en los próximos seis meses.

# Notas

CONCLUSIÓN

# Cuidarse mutua-mente

Estas ocho conversaciones son solamente el comienzo. Todos estos temas son los más importantes para vuestra relación —tanto si estáis planeando un futuro compartido como si lleváis juntos mucho tiempo—, pero los temas que abordaréis, la comprensión que iréis adquiriendo y el amor que desarrollaréis a lo largo de toda una vida son innumerables. Os conviene mantener vuestra relación en un proceso de crecimiento y evolución constante. Nunca se sabe todo lo que puede llegar a conocerse de una persona, y eso es lo que lo vuelve excitante.

Vuestra relación es una gran aventura. Tratadla como tal. Sed curiosos. Sed vulnerables. Estad dispuestos a aventuraros fuera de vuestra zona de confort. Aprended a escuchar. Tened la valentía de hablar. Comentad vuestras esperanzas, vuestros temores y vuestros sueños.

Empezamos este libro con la confianza y vamos a terminarlo también con ella. Es algo absolutamente esencial para el éxito o el fracaso de cualquier relación. Las parejas cuya relación es un éxito se sienten seguras entre sí. La confianza es lo que os permite exponeros y ser vulnerables. Aumentar el grado de confianza (amistad, estar presente, cumplir la palabra dada) mejora vuestra relación. No tenéis que ser parecidos en todos los sentidos para que vuestro amor perdure; la mayoría de las parejas son más dispares que similares. Pero hace falta valentía para ser vulnerable. Una vida de amor se compone de los pequeños momentos e interacciones que vivís el uno con el otro.

Haced que cuenten de verdad.

No os separéis por la mañana sin saber qué es lo más interesante que va a sucederle a vuestra pareja durante la jornada. Daos un beso de despedida. Daos un beso al saludaros de nuevo.

Jugad juntos. Reservad tiempo para hablar de vuestras jornadas respectivas. Averiguad por qué está estresada vuestra pareja. Averiguad qué está esperando con ilusión. Respetad los sueños de cada uno.

Como hemos dicho, las parejas que son más felices en su relación se expresan positivamente. En las parejas cuyo amor perdura, hay una correlación de 5 a 1 entre las interacciones positivas y negativas durante una pelea o un conflicto. Cuando solo están saliendo, la correlación es de 20 a 1. Eso significa que por cada cosa negativa que os digáis, tenéis que hacer o decir veinte positivas.

Dicho de otro modo, cuidaos el uno al otro.

La mejor manera de cuidarse mutuamente es convertir vuestra relación en una prioridad. Dedicadle tiempo, prestadle atención y esfuerzo a la vida que estáis creando entre los dos. Tened estas ocho citas, y luego ochocientas más.

Para Ben y Leah, la pareja que aparecía en el primer capítulo, las conversaciones que tuvieron durante estas citas cambiaron profundamente su relación.

—Sí, nosotros ya estábamos planeando casarnos, pero las conversaciones que mantuvimos nos acercaron más de lo que nunca habría creído posible —dice Lea—. El hecho de que él estuviera dispuesto a tomarse el tiempo (de que quisiera tomarse el tiempo) para compartir todas esas historias sobre confianza, dinero, sueños y familia significó un mundo para mí. Me siento como si hubiéramos creado en meses lo que a algunas personas les cuesta años lograr. Unos cimientos. Una sensación de estar realmente el uno al lado del otro y de apoyarse mutuamente en todo lo que ha de venir y que aún no conocemos. Es algo excitante. Estoy más enamorada que nunca de él. Todas estas citas han sido una aventura, y es como si ahora hubiéramos emprendido un gran viaje para comprendernos el uno al otro, para llegar a conocernos lo más profundamente posible. Ahora el amor que sentimos el uno por el otro es diferente. Más real. Más sólido, por así decirlo. Espero que tengamos citas como estas toda la vida.

Muchas de las parejas que tuvieron estas citas se mostraban sorprendidas al ver que estaban mucho más cerca después de cada conversación. Su amor se volvió más profundo. Y sentían una nueva excitación ante la perspectiva de estar juntas en este viaje.

Estar en una relación amorosa es una de las mayores aventuras que hemos conocido.

No podemos deciros con exactitud qué sucederá en vuestra relación, pero sabemos que, si os comprometéis a explorar estos ocho temas, a comprender en qué aspectos sois distintos y a aceptar esas diferencias, os llevaréis una sorpresa ante lo que sois capaces de crear. Estáis escribiendo vuestra propia historia de amor cada vez que os volvéis el uno hacia el otro. Cada vez que ofrecéis consuelo. Cada vez que escucháis de verdad. Cada vez que ponéis los intereses de vuestra pareja por encima de los vuestros.

Recordad que el amor que creáis juntos no solamente os beneficiará a vosotros y a vuestra relación, sino que será una bendición para los demás. Si tenéis hijos, vuestra relación será un legado para ellos. Vuestro amor influirá en el modo que tendrán de amar a sus propias parejas algún día, y en cómo amarán vuestros nietos a sus padres. El amor que creáis ahora perdurará durante generaciones.

Vuestro amor constituirá también un modelo para otras parejas. Nuestros matrimonios y familias son ni más ni menos que los pilares de nuestra sociedad. Cuando nuestras relaciones son sanas y felices, también lo es nuestra sociedad. Podéis tomar los conocimientos que habéis adquirido en este libro —cómo formular las preguntas que importan, cómo escuchar, cómo comprender y aceptar las diferencias— y utilizarlos en la relación con vuestros amigos, con vuestra familia extensa, con vuestros compañeros de trabajo e incluso con desconocidos. Todos tenemos mucho que aprender unos de otros.

Escribimos este libro para ayudaros, pero también para que podáis ayudar a los demás. Muy poca gente recibe algún tipo de adiestramiento u orientación sobre cómo hacer lo más importante que hacemos en nuestra vida: amar a las personas que tenemos más cerca. Por favor, compartid este libro con cualquiera que esté intentando crear o recrear su relación. El hecho de que lleguen a ser competentes o un desastre no solo les afecta a ellos, también afecta a sus hijos, a la comunidad y al mundo. Gracias por leer este libro, por dedicaros al duro y luminoso trabajo del amor, y por contribuir a un futuro más lleno de amor para todos.

Todo el mundo se merece toda una vida de amor.

APÉNDICE

# Más preguntas abiertas

Ojalá convirtáis las citas semanales en un ritual de vuestra relación durante toda la vida. Las siguientes son preguntas adicionales que podéis haceros en citas futuras. Esto es solo una muestra; la clave es que nunca debéis dejar de sentir curiosidad por vuestra pareja, ni debéis dejar de enamoraros, ni debéis dejar de haceros las preguntas que importan. Por favor, entrad en workman.com/eightdates para buscar otros recursos adicionales para vuestras citas.

- » ¿Cómo quieres que sea tu vida, digamos, dentro de tres años?
- » ¿Cómo crees que cambiará tu trabajo en el futuro?
- » ¿Qué piensas de nuestra casa? ¿Te gustaría hacer algún cambio arquitectónico?
- » ¿Cómo crees que sería tu vida si vivieras cien años más?
- » Como madre o padre, ¿cómo te compararías con tu propia madre o tu propio padre?
- » ¿En qué clase de persona crees que se convertirá nuestro hijo (o hijos)? ¿Algún temor? ¿Alguna esperanza?
- » ¿Cómo te sientes respecto al trabajo ahora mismo?
- » ¿Qué década de tu vida te gustaría rehacer y por qué?
- » ¿Cómo te sientes ahora sobre el hecho de ser madre o padre?
- » Si pudieras retroceder en tu vida y cambiar una cosa, ¿cuál sería y por qué?

- ¿Qué encuentras excitante en tu vida ahora mismo?
- Si pudieras despertarte mañana con tres nuevas dotes, ¿cuáles serían, y por qué?
- ¿Cuáles son tus mayores preocupaciones sobre el futuro?
- ¿Quiénes son tus mejores aliados y tus amigos íntimos ahora mismo? ¿Cómo han cambiado ellos, o tú?
- ¿Cuáles son los momentos culminantes y los momentos más decepcionantes de tu adolescencia?
- Si pudieras vivir en cualquier otro periodo de la historia, ¿cuál escogerías, y por qué?
- Si pudieras escoger otra carrera profesional o vocación, ¿cuál sería, y por qué?
- Si pudieras cambiar una característica tuya, ¿cuál sería, y por qué?
- ¿Cómo has cambiado en el último año?
- Si pudieras vivir la vida de otra persona, ¿cuál escogerías, y por qué?
- ¿Cuáles son tus sueños vitales ahora mismo?
- ¿Qué objetivos tienes para tu familia?
- Si pudieras parecerte a cualquier persona del mundo, ¿cuál escogerías, y por qué?
- ¿Qué tipo de año ha sido este para ti? ¿Momentos destacados? ¿Momentos más bajos?

- Cuéntame la historia del momento del que te sientes más orgulloso.
- Si pudieras ser una superestrella deportiva, ¿qué deporte escogerías, y por qué?
- Como madre o padre, ¿cómo has cambiado con los años?
- Como hija o hijo, ¿cómo has cambiado con los años?
- Como hermana o hermano, ¿cómo has cambiado con los años?
- ¿Con cuál de tus familiares te has sentido más unido, y por qué?
- ¿Quién ha sido para ti la persona más difícil en toda tu vida?
- Si fueras la persona más rica del mundo, ¿qué harías con el dinero?
- Si pudieras convertirte en un animal durante veinticuatro horas, ¿cuál escogerías, y por qué?
- ¿Quién o quiénes eran tus héroes infantiles?
- Si pudieras vivir el resto de tu vida en otro país, ¿cuál escogerías, y por qué?
- Si pudieras ser un genio en cualquier forma de arte, música, danza, etc., ¿qué talento escogerías, y por qué?

## *Noche de cita, ejercicio extra*
## VALORAR A TU PAREJA

Este es un ejercicio extra que podéis hacer como complemento de cualquiera de las citas, o como una actividad divertida para una cita especial dedicada a valoraros el uno al otro.

Marca en la siguiente lista todas las cualidades que posee tu pareja y piensa en una ocasión en que la haya puesto de manifiesto. Después dite a ti mismo: «Tengo mucha suerte de estar con mi pareja». En vuestra siguiente cita, repasa la lista, comenta esa ocasión, y dale las gracias a tu pareja por tener esa cualidad positiva.

### LO QUE REALMENTE VALORO DE TI ES QUE ERES TAN:

(Recuerda citar una ocasión que ejemplifique cada cualidad).

- Abierto
- Abnegado
- Activo
- Adaptable
- Agradecido
- Alegre
- Altruista
- Amable
- Ambicioso
- Apacible
- Aplomado
- Artístico
- Atento
- Audaz
- Auténtico
- Aventurero
- Avispado
- Bueno
- Cálido
- Calmado
- Capaz
- Cariñoso
- Compasivo
- Comprensivo
- Concienzudo
- Confiable
- Confiado
- Considerado
- Creativo
- Cumplidor
- Curioso
- Divertido
- Empático
- Entendido
- Entregado
- Equilibrado
- Espiritual
- Estable
- Ético
- Feliz
- Fiable
- Fidedigno

- Flexible
- Fuerte
- Generoso
- Gracioso
- Habilidoso
- Honesto
- Humilde
- Indulgente
- Ingenioso
- Inteligente
- Interesante
- Intrépido
- Intuitivo
- Justo
- Leal
- Listo
- Luchador
- Musical
- Observador
- Ocurrente
- Optimista
- Organizado
- Osado
- Paciente
- Pacífico
- Perceptivo
- Perseverante
- Persistente
- Perspicaz
- Práctico
- Pulcro
- Racional
- Recto
- Reflexivo
- Relajado
- Resiliente
- Respetuoso
- Resuelto
- Sabio
- Sano
- Seguro
- Sensible
- Servicial
- Simpático
- Sincero
- Sociable
- Solícito
- Solidario
- Tolerante
- Trabajador
- Tranquilo
- Valeroso
- Veraz

# AGRADECIMIENTOS

Queremos empezar dando las gracias al grupo de reflexión Relationships First, donde nos conocimos como parejas. Este extraordinario grupo, dirigido por Harville Hendrix y Hellen LaKelly Hunt, era un foro absolutamente inédito de expertos en orientación de parejas decididos a transmitir sus conocimientos a las parejas antes de que las dificultades inevitables de una relación real causaran un daño duradero. Fue en una de aquellas reuniones donde nació la idea de escribir un libro para que las parejas aprendieran las técnicas que proporcionarían a sus relaciones mayores posibilidades de éxito. El objetivo era nada menos que ayudar a crear matrimonios sanos, que a su vez crearían familias sanas, que a su vez crearían sociedades sanas.

Queremos dar las gracias a los amigos y colegas de Relationships First que nos apoyaron y alentaron a crear este libro: Harville y Hellen, Marion y Matt Solomon, Caroline Welch y Dan Siegel, Ellyn Bader y Pete Peterson, Judith y Doug Anderson, Lillian Borges, Jeff Zweig, Tracey Boldemann-Tatkin y Stan Tatkin, Michelle Wiener-Davis y Jim Davis, Amy Banks, Joanie y Scott Kriens, Theresa y Scott Beck, Chris Brickler, Alanis Morissette y Souleye, Diane Ackerman, Jette y Rich Simon, Peggy Callahan, Bryn Freedman, Jennifer y Erick Garcia, Elizabeth y Kevin Phillips, John y Jamee Stanley, Judy Jordon, Kelly Thompson-Frater y Bob Frater, Dan Prosser, Penny George, John Douglas y Sue Johnson, y Gayle Ober.

John y Julie quieren expresar también su enorme agradecimiento al equipo del Gottman Institute, que los ha ayudado a sacar sus datos y análisis de la torre de marfil y a llevarlos a los hogares de millones de personas para promover relaciones excelentes en todo el mundo. Desean destacar especialmente al equipo de dirección formado por Alan y Etana Kunovsky, Mike Fulwiler, Jen Dalby, y Carrie y Don Cole, así como a Crystal Cressey, Chris Dollard, Kaitlin Donahue, Hannah Eaton, Katelyn Ewen, Walter Guity, Kendra Han, Amy Loftis, Jennifer Loser, Amy McMahan, Said Peterson, Katie Reynolds, Becca Sangwin, Aziza Seykota y Therese Soudant. Este libro nunca habría llegado a existir sin la aportación de cada uno de vosotros. También queremos dar las gracias a Andrew Mumm, que trabajó en el Gottman Institute y que, con sus brillantes dotes tecnológicas, nos ayudó a comunicarnos con las parejas de nuestro estudio.

Doug y Rachel querrían dar las gracias a sus equipos de Idea Architects y de Santa Cruz Integrative Medicine, incluidas Mariah Sanford, Kelsey Sheronas, Julia Dunn, Katherine Vaz, Cody Love, Esme Schwall Weigand, Nina Kolbe y Glynis Taormina.

Queremos expresar nuestro agradecimiento a todas las parejas con las que John y Julie han trabajado durante años en el Gottman Institute, en el Laboratorio del Amor, en sus talleres y en su práctica privada, así como a los pacientes y parejas que Rachel ha visto en su práctica médica y en talleres. En particular, nos gustaría dar las gracias a las trescientas parejas que se ofrecieron voluntarias para tener las citas de este libro y que nos transmitieron sus historias y sus comentarios, extremadamente útiles, sobre las citas.

También queremos dar las gracias a Mary Ellen O'Neill, nuestra excelente editora, y a todo el equipo de Workman, incluidas Rebecca Carlisle, Chloe Puton, Moira Kerrigan, Emily Krasner, Jenny Mandel, Beth Levy, Barbara Peragine y Rae

Ann Spitzenberger, que trabajaron tanto para llevar este libro a todo el mundo. En especial, queremos darle las gracias a la increíble Suzie Bolotin, editora de Workman, que ayudó a incubar y a dar a luz a este libro tras una monumental gestación de muchos años. Fue su pasión por este libro y su deseo de dárselo a sus hijos y sus parejas, así como a millones de parejas, lo que contribuyó a hacerlo realidad.

Por encima de todo, queremos darles las gracias a Lara Love Hardin y a su marido, Sam Hardin. Lara fue nuestra ayudante en la redacción de este libro y se encargó de destilar nuestras conversaciones a cuatro, llenas de risas y divagaciones, para convertirlas en el libro que tienes en tus manos. Es una auténtica intelectual, así como una colaboradora creativa, y ha contribuido a refinar y aguzar nuestras ideas. Resulta imposible transmitir lo agradecidos que estamos y lo afortunados que nos sentimos por haber tenido a Lara con nosotros como coautora. Su sabiduría, extraída de sus relaciones y de su maravilloso matrimonio con Sam, también está incluida en este libro. Sam es un marido tan alentador como podría desearse. Cualquier trabajo realizado por un miembro de una relación comprometida no sería posible sin el amor y la generosidad de ambos. Gracias, Lara y Sam.

También queremos expresar nuestro agradecimiento a nuestros hijos, el mayor logro de nuestro amor. John y Julie quieren manifestar su amor y gratitud a su hija, Moriah, y al marido de esta, Steven. Como cabe imaginar, conocer a los futuros suegros cuando resulta que ambos son psicólogos y expertos en matrimonios debe de haber sido para Steven una experiencia intimidante. Sin embargo, ellos supieron desde el momento en que lo conocieron que era la pareja perfecta para su hija y se han sentido entusiasmados al celebrar su unión. Doug y Rachel quieren manifestar su amor y gratitud a sus hijos Jesse, Kayla y Eliana (y a sus futuras parejas, sean quienes sean). No hay mayor aventura en la vida que la del matrimonio y la paternidad, y ellos se sienten muy agradecidos por haber tenido la oportunidad de constituir una familia (amorosa, ruidosa, obstinada en sus opiniones y divertida).

Finalmente, nos gustaría dar las gracias a todas las parejas que leen este libro, que se lo pasan a otras parejas y que pretenden fomentar el amor, la confianza y la comprensión como cimiento de su matrimonio, su familia y su comunidad, y del mundo que queremos crear entre todos.

# NOTAS FINALES

## CITA 4

*Una investigación con una muestra de 4.574 parejas...* Dew, J., Britt, S. y Huston, S. (2012). «Examining the relationship between financial issues and divorce». *Family Relation*, 61, 615-628.

*un libro para terapeutas que sintetizara...* Gottman, John, *Principia Amoris: The New Science of Love;* Routledge, 2014.

*las mujeres de entre veinticinco y treinta y dos años empiezan su carrera profesional con una formación superior a los hombres...* Pew Research Center, «10 Findings about Women in the Workplace», <pewsocialtrends.org/2013/12/11/10-findings-about-women-in-the-workplace/>.

*las mujeres constituían más de la mitad (el 51 por ciento) de la población activa técnica y profesional,* US Census Bureau, DataFerrett, *Current Population Survey,* Monthly Microdata, diciembre de 2014.

*el porcentaje de mujeres que considera «una de las cosas más importantes de su vida» tener un trabajo altamente remunerado...* Estadísticas basadas en las respuestas combinadas a dos encuestas del Pew Research Center, una realizada entre el 14 y el 27 de enero de 2010, y otra, entre el 6 y el 19 de diciembre de 2011. Los datos se compararon y los resultados eran similares, por lo que se combinaron para aumentar el tamaño y la fiabilidad de la muestra.

*Lo contrario también es cierto.* Rogers, Stacy J. y May, Dee C. (2003). «Spillover between marital quality and job satisfaction: Longterm patterns and gender differences». *Journal of Marriage and Family*, 65, 482–495.

*Las parejas discuten más sobre la división del trabajo del hogar...* Kluwer, Esther S., Heesink, Jose A. M. y Van de Vliert, Evert (1996). «Marital conflict about the division of household labor and paid work». *Journal of Marriage and Family*, 58, 958–969.

*En 2011, los hombres dedicaban un promedio de diecisiete horas a la semana al trabajo no remunerado.* Abraham, Katharine G., Flood, Sarah M., Sobek, Matthew y Thorn, Betsy (2011). American Time Use Survey Data,

Maryland Population Research Center, Universidad de Maryland, College Park, y Minnesota Population Center, Universidad de Minnesota, Mineápolis.

## CITA 5

*Las estadísticas muestran que la crianza hasta los diecisiete años de un niño nacido en Estados Unidos en 2015 cuesta un promedio... Expenditures on Children by Families, 2013.* <cnpp.usda.gov/sites/default/files/expenditures_on_children_by_families/crc2013.pf>.

*La escritora Ayelet Waldman concitó las iras...* Waldman, Ayelet, «Truly, Madly, Guiltily». *New York Times*, 27 de marzo de 2005.

*Los científicos del Center for Everyday Lives of Families*: <celf.ucla.edu/pages/index.php>.

## CITA 6

*La investigación sobre parejas casadas muestra que, si una pareja considera sagrada su unión, tiene una relación mejor.* Stafford, L. (2016). «Marital sanctity, relationship maintenance, and marital quality», *Journal of Family Issues, 37.*

*las creencias religiosas compartidas son menos importantes que los intereses comunes, el buen sexo y el reparto de las tareas del hogar.* Pew Research Center, *2014 Religious Landscape Survey*, <pewforum.org/2016/10/26/religion-in-marriages-and-families/>.

## CITA 7

*Cuestionario.* Este cuestionario apareció por primera vez en el libro de John Gottman *The Seven Principles for Making Marriage Work*, Three Rivers Press, 1999.

«**Para viajar lejos no hay mejor nave que un libro**».

EMILY DICKINSON

# Gracias por tu lectura de este libro.

En **penguinlibros.club** encontrarás las mejores recomendaciones de lectura.

Únete a nuestra comunidad y viaja con nosotros.